TEXTES DE PHILOSOPHIE
sous la direction de Pierre-François Moreau
12

La Constance

Juste Lipse

La Constance

Édition critique par Jacqueline Lagrée

PARIS
CLASSIQUES GARNIER
2016

Jacqueline Lagrée est professeur émérite de philosophie à l'université de Rennes 1. Elle a publié *Juste Lipse et la restauration du stoïcisme* (Paris, 1994), « Constancy and coherence » dans *Stoicism. Traditions and Transformations* (dir. Steven Strange et Jack Zupko), p. 148-176 (Cambridge, 2004) et *Le Néostoïcisme* (Paris, 2010).

ISBN 978-2-406-05789-5 (livre broché)
ISBN 978-2-406-05790-1 (livre relié)
ISSN 2103-575X

In memoriam
Benoît Lagrée (1978-2013),
dont la disparition le 30 novembre 2013,
me força à revisiter cette vertu.

ABRÉVIATIONS

CICÉRON

De off.	*De officiis, des devoirs*
Tusc.	*Tusculanes*

SÉNÈQUE

Ep.	*Lettres à Lucilius*
Qu. Nat.	*Questions naturelles*

LIPSE

Const.	*La Constance*

INTRODUCTION

JUSTE LIPSE

Même si, depuis une vingtaine d'années, les écrits sur Juste Lipse, ainsi que des traductions en diverses langues européennes, se sont multipliés, cet érudit flamand, le dernier des grands éditeurs de la Renaissance, est aujourd'hui fort oublié. Montaigne pourtant, dans l'*Apologie*, le décrit comme « le plus savant homme qui nous reste, un esprit trespoly et judicieux[1] », souhaitant qu'il écrive un jour sur les mœurs un ouvrage de même type que ses *Politiques*. Lipse est pour nous le rénovateur du stoïcisme adapté à l'époque moderne, celle de Copernic et de la découverte des Amériques, le fondateur du néostoïcisme, une philosophie revivifiée pour contrebalancer l'aristotélisme dominant et sa capture par les théologiens. Quoique philologue de profession, il a toujours rêvé de donner, par le moyen de la critique et de l'édition des textes anciens, accès à une sagesse profane, accessible sans trop d'études et qui serait comme une médiation entre la philologie des savants et la théologie des doctes. Dans ce domaine trois textes sont décisifs : le *Traité de la constance* dont je propose ici une nouvelle traduction, le *Manuel de philosophie stoïcienne* de 1604 et la *Physique des Stoïciens.* Mais seule la *Constance* répond vraiment à ce souci permanent d'actualiser Sénèque et Épictète pour donner une réponse fondée sur la seule raison à l'attitude qu'il convient de prendre face aux malheurs du temps.

Pour connaître sa vie nous disposons d'une lettre autobiographique de 1602[2], adressée à son exécuteur testamentaire, Wower, qui fut un

1 *Essais* II, 12, Édition Villey, p. 578.

2 Lettre 87 de la Centuria de 1602, qui servit de base à la biographie de Lipse par Le Mire de 1609. Elle fut traduite et commentée par Paul Bergmans dans *le Messager des sciences historiques de Belgique*, t. 63, 1889 sous le titre *Autobiographie de Lipse.*

de ses *contubernales*, un de ses étudiants qu'il hébergeait chez lui. Lipse y décrit sa vie comme celle d'un enseignant ordinaire, soucieux de sa tranquillité : « Ma vie n'offre rien que ce cours égal et uniforme que tu as vu : lire, professer, écrire, pour le reste vivre tranquille et éloigné des affaires ».

Joest Lips (Justus Lipsius) était né à Isques (entre Bruxelles et Louvain) le 18 octobre 1547 dans une famille catholique[3]. Il fit des études brillantes au collège jésuite de Cologne puis à l'université de Louvain. Orphelin à 19 ans, il put alors choisir librement son orientation. Après un voyage en Italie comme secrétaire du cardinal Granvelle (1569), il fut professeur d'histoire et d'éloquence à Iéna[4] (1572-1574) puis il séjourna à Cologne en 1574 où il édita Tacite. Il revint ensuite chez lui à Isques où son patrimoine fut pillé par les soldats espagnols. Il fuit donc derechef à Louvain où il fit des études de droit et obtint le titre de jurisconsulte avant de prendre un poste de professeur de latin à Leyde (1579-1591) où il s'investit fortement dans la vie académique puisqu'il fut même recteur de l'université. Il obtint enfin la chaire de littérature latine à Louvain (1592-1605). Le retour à Louvain marque aussi son retour patent au catholicisme, quelque peu occulté lors de ses séjours dans des universités réformées des Pays Bas.

La production intellectuelle de Lipse fut nombreuse et variée. Pour nous en tenir aux écrits stoïciens, il faut rappeler la publication, en 1584, du *De constantia* qui lui donne la première occasion de défendre le stoïcisme et sa compatibilité avec le christianisme, puis en 1589 de ses *Politiques*. À la fin de sa vie, en 1604, il écrit deux manuels d'introduction à la pensée du Portique : le *Manuel de philosophie stoïcienne* et la *Physique des stoïciens*. En 1605 il achève et publie sa grande édition des œuvres de Sénèque dans laquelle chaque traité est précédé d'une introduction qui en précise l'intérêt actuel. Il meurt fort pieusement en 1605.

3 Pour plus de détail sur sa vie *cf.* Jean Jehasse, 1976 ou J. Lagrée, 1994, p. 17-20.

4 En pays luthérien.

LE TRAITÉ DE LA CONSTANCE

Sur la marque de l'éditeur Christophe Plantin, se lit la devise : *labore et constantia*, par le travail et la constance. C'est dire combien cette vertu paraît caractéristique de la renaissance du courant stoïcien à la fin de la Renaissance. Cette valorisation est liée à un contexte politique particulier, marqué par la recrudescence des troubles religieux et des guerres civiles[5]. Il est vrai que les traités intitulés *De constantia* ou *De la constance* fleurissent au tournant des XVIe et XVIIe siècle avec une fortune éditoriale remarquable[6]. Mais le choix, comme vertu cardinale, de la constance plutôt que la prud'hommie[7] ou de la générosité comme chez Descartes[8], ou surtout de la charité comme chez Pascal, n'est pas anodin. La constance est la vertu de celui qui compte d'abord sur ses propres forces et non pas sur Dieu ou sur autrui, et les traités de la constance sont, comme le précise Lipse[9], d'abord écrits pour soi, pour son salut, non pour sa renommée. Bien plus, s'il s'agit ici de faire appel à la philosophie et non pas à la religion, sa rivale, c'est que celle-ci entretient crainte et espérance pour le futur ultime, la vie éternelle, tandis que la philosophie les apaise dans l'urgence du présent. Lipse est parfaitement conscient de la nouveauté de sa démarche : « *Solatia malis publicis quaesivi, quis ante me*[10] ? ».

Dans cette floraison d'ouvrages son traité apparut comme un modèle. Aussi connut-il de nombreuses éditions et traductions dès sa parution.

5 *Cf.* M. Spanneut, *Permanence du stoïcisme*, p. 387 : « Le stoïcisme, une philosophie pour les temps de malheur ? Oui. »

6 Le *De Constantia* de Lipse connut 80 éditions et traductions.

7 Charron, *De la Sagesse*, 1601, livre II, chap. 3.

8 Descartes, *Traité des passions de l'âme*, 1649, art 153.

9 « J'ai composé beaucoup d'autres ouvrages pour les autres ; ce livre, je l'ai écrit principalement pour moi ; ceux-là pour ma renommée, celui-ci pour mon salut ». Préface à la 1re édition.

10 « J'ai cherché des consolations contre les maux publics ; qui l'a fait avant moi ? » Préface à la 1re édition.

LE TITRE

Publié en 1584, mais écrit l'année précédente, le traité porte donc pour titre *De constantia*. Ce titre rappelle évidemment celui de Sénèque *De constantia sapientis*. L'élimination de la référence au sage n'est pas neutre. Ce n'est pas un portrait du sage que Lipse propose mais une exhortation à la constance, proposée par un homme mûr à un jeune homme désemparé, un *proficiens*, un homme désireux de s'avancer dans la voie de la sagesse et de la moralité. C'est un traité de morale profane ou laïque qui peut assurément s'accorder avec l'enseignement religieux mais qui ne dépend pas de principes théologiques mais de principes philosophiques. Il ne s'agit pas tant de s'affermir contre les maux privés (maladie, deuil, pauvreté, déshonneur) que contre les maux publics : guerres, ruine des villes et des États, impôts, tyrannie, etc. La constance qui y est louée tient plus de la résistance au découragement, au mieux de la force d'âme, que de la qualité militaire dont Montaigne fait l'éloge dans le chap. XII du livre I des *Essais*. La constance chez Montaigne, est essentiellement prudence et patience : « Et le jeu de la constance se joue principalement à porter patiemment les inconvénients où il n'y a point de remède[11] ». La constance est une vertu de soldat face à l'ennemi[12], pas de particulier dans les occurrences ordinaires de la vie. Évoquant l'impassibilité attribuée au sage stoïque, Montaigne remarque que la crainte et la souffrance ne lui sont pas interdites « pourveu que son opinion demeure sauve et entière et que l'assiette de son discours n'en souffre atteinte ny altération quelconque et qu'il ne preste nul consentement à son effroi et souffrance[13] ».

Lorsque Guillaume Du Vair publiera à son tour en 1590 et sur le modèle lipsien, son traité de la constance il y ajoutera « et de la consolation » en insistant davantage sur la dimension d'espérance qu'offre la constance chrétienne qui se caractérise par la reprise des trois vertus théologales : la foi dans un dieu bon et provident, l'espérance d'une vie éternelle bienheureuse et le devoir de charité pour soulager les maux du prochain. Ces vertus sont absentes de la réflexion de Lipse, toute

11 *Essais*, I, XII, p. 45.

12 D'où le choix des exemples de référence : les Lacédémoniens, les Scythes c'est-à-dire des peuples de guerriers, et des sièges de villes (Arles par Charles Quint, Mondolphe par Laurent de Médicis).

13 *Essais*, I, XII, p. 46.

entière centrée sur le présent dont les malheurs sont relativisés par la comparaison avec les malheurs politiques du passé. La constance lipsienne est purement sénéquienne, c'est-à-dire laïque. Morale de professeur non de pasteur, indépendante de toute théologie de la grâce et de la prédestination à laquelle elle substitue la nécessité d'un destin naturel qui lie tous les événements par un système de causes dont Dieu est la source mais sans qu'on puisse le comprendre. En revanche, le fait de *savoir qu'il* y a un ordre des causes, c'est-à-dire un système ordonné de lois naturelles, système dont l'origine dépend d'un dieu bon, sans se soucier de savoir *comment* ce système s'est construit ouvre la voie tant à la recherche des causes politiques, historiques, des événements qu'à l'action raisonnée, efficace dans le monde, libérée des passions tristes que sont la peur ou le découragement qui donnent lieu à une fuite vaine.

CONTEXTE HISTORIQUE ET PHILOSOPHIQUE

Lipse écrit la *Constance* en 1583 pour lui même et pour être utile à son temps. Pourquoi ? Il est alors enseignant à Leyde où il a trouvé le calme et la sérénité loin des troubles qui affectent les Pays Bas espagnols. En 1581, les provinces du nord ont rejeté le joug espagnol et choisi la maison d'Orange mais Guillaume d'Orange est assassiné en 1582. Les rivalités politiques se doublent de rivalités théologiques entre calvinistes stricts qui s'appuient sur le petit peuple et réformés, plus libéraux. Lambert Daneau, calviniste intransigeant est venu de Genève en 1582 puis reparti. Lipse a été sollicité comme médiateur sans résultat. Il va donc chercher à appliquer *La constance du sage* de Sénèque aux temps présents.

Lipse a toujours insisté, dans ses incitations à lire Sénèque, sur le caractère pratique, d'éducation à la vie, de cette lecture. Sénèque n'est pas seulement un professeur de stoïcisme, c'est un maître de vie terrestre qui prépare et complète en amont la lecture des textes sacrés qui sont maîtres de vie céleste, c'est-à-dire éternelle, *post mortem*. La philosophie (païenne) est une médiation entre la philologie à laquelle Lipse est censé initier ses étudiants et la théologie qui relève de maîtres différents. Ce faisant, Lipse suit la même démarche qu'Érasme : il manifeste la même volonté de faire de Sénèque un maître de morale qui prouve la possibilité de mener une vie éthique en s'appuyant sur les seuls enseignements de la raison, sans avoir recours initialement aux enseignements religieux, lesquels passent toujours par l'appartenance à une Église avec les antagonismes que l'on sait. Dans la *Constance*, Lipse par la voix de Langhe, se fait de professeur de latin, un directeur de conscience. Ce traité est une *manuductio* avant la lettre, une parénèse, une exhortation à pratiquer les vertus stoïques qui sont l'antidote à la crise, morale et culturelle autant que politique, qui secoue l'Europe de son temps, comme l'écrit Jan Papy[14]. Ce texte, sénéquien d'inspiration, s'inscrit bien inscrit dans une continuité qui va des travaux d'édition de Sénèque jusqu'à l'édition de ses *Œuvres* complètes en 1605.

SOURCES ET MODÈLES

Le type de discours

Le traité se présente comme un dialogue entre deux protagonistes qui sont de deux générations différentes : Lipse, est un jeune érudit prometteur de 25 ans, en fuite pour Vienne, qui s'arrête à Liège pour y saluer des amis et, parmi eux, Charles de Langhe (Langius), chanoine érudit, nettement plus âgé, 51 ans, comme Lipse éditeur de textes anciens (Cicéron et Plaute). Leurs propos sont évidemment fictifs même si la rencontre eut bien lieu. On se trouve là dans le cadre d'un dialogue de type socratique, où maître et disciple ont un nom, une histoire, une biographie, des intérêts intellectuels communs. Le maître ne va pas seulement convaincre son ami de changer de perspective (ne plus fuir mais tenir bon), il va le conduire à changer son point de vue sur les choses et les événements, à changer de mode de pensée, à retrouver son moi philosophique et à être en accord avec soi. En transformant sa représentation des malheurs qui l'affectent, il se libérera des passions qui le rendent malheureux : peur, découragement, colère. Cette conversation est aussi une exhortation, sur le modèle des lettres de Sénèque à Lucilius, qui ne sont pas non plus de vraies lettres, et cette éducation pas à pas est en

14 « *The reason he propagated this Senecan philosophical and educational program in his major édition of 1605 is the same as in his* De constantia *(1584) ; it is also the same reason that he proposed Tacitus together with Seneca in the* Politica *(1589), the* Monita et exempla politica *(1605) and all of his printed letter collections : they all form a humanist* paraenesis, *an exhortation to practice constancy,* humanitas *and other Stoic virtues as an antidote to the deep moral and cultural crisis that cripples the whole of Europe, demolishing true virtuousness and honest lerarning* (Honestum and bonum*)* ». Jan Papy, « Erasmus' and Lipsius' éditions of Seneca » p. 31.

même temps une autoformation puisque l'auteur se met ici en position de progressant et de répondant. Même si le dialogue laisse paraitre des traits de caractère propres à chacun, ce n'est pas un vrai dialogue puisque la part accordée à chacun est disproportionnée, sans que pour autant l'élève se limite au rôle quasi muet de celui qui acquiesce.

On a parfois comparé ce mode de dialogue philosophique avec *l'Éloge de la folie* d'Érasme (1511) et l'*Utopie* de More (1516). Mais outre la différence d'époque (plus de 70 ans), la différence est l'absence totale d'humour chez Lipse, le ton didactique même s'il reste aimable, le conservatisme politique. Érasme et More, par les moyens détournés qui sont les leurs, veulent changer la société ; Lipse ne veut que changer un homme, lui-même ou son semblable, dans un retrait à l'intérieur de la cité qui succède à la fuite à l'étranger. Il y a chez Érasme et surtout chez More, et plus tard Guillaume Du Vair, une dialectique de l'engagement au service de la cité[15] et de ses concitoyens absente du texte de Lipse.

Sources historiques

Le traité fait appel à deux sortes de sources, les récits des historiens romains et les traités des philosophes stoïciens nuancés de quelques propos néoplatoniciens. Il ne faut pas s'étonner de voir dans les chapitres historiques essentiellement des renvois à des historiens anciens : d'une part cela fait partie de la culture commune des lecteurs cultivés ; d'autre part parce que Lipse, comme 70 ans plus tôt Érasme, veut valoriser un usage pratique, concret, de l'érudition humaniste au service de fins éthiques et pratiques (bien vivre et mieux vivre). Enfin ce sont des historiens du passé ancien parce qu'il s'agit de montrer qu'il n'en allait pas mieux avant et que les leçons du passé sont toujours valables. Qui sont ces historiens ? Ce sont d'abord les historiens de Rome : Jules César, Tacite, Tite Live, Suétone, Pline l'ancien mais aussi les historiens de sa chute : Appien, Orose, Zosime (v^e^), Procope de Césarée (vi^e^) et Zonare (xiie) puisque Lipse a l'impression que l'Europe, comme jadis Rome, est en train de se décomposer. Ces historiens sont surtout cités dans le livre II qui porte sur les événements malheureux. On y trouve aussi des historiens ou des biographes grecs du i^er^ siècle : Plutarque pour ses *Vies*

15 Que Du Vair exprime par la loi de Solon qui interdit de rester neutre dans un conflit politique.

des hommes illustres, Flavius Josèphe pour les *Guerres des Juifs*, Appien et Dion Cassius (IIe siècle). Lipse ne fait pas appel à des historiens récents, même quand il dénonce l'exploitation du nouveau monde. Ces références renvoient purement à des faits sans inclure de leçons de vie car on a ici affaire à un traité de vie concrète non de gouvernement. Or Lipse sépare bien les deux modèles : pour les gouvernants et pour former à la *prudentia*, la lecture de Tacite, et pour l'homme qui cherche la sagesse, *sapientia*, la lecture de Sénèque.

Sources philosophiques

La philosophie a été pour Lise un amour précoce, constant, réprimé comme le dit la première préface. Mais en elle, Lipse n'a pas cherché des réponses aux questions métaphysiques sur les premières causes et les fins dernières ; il laisse cette enquête à la théologie. La théologie doit être réservée à des experts[16] tandis que la philosophie est accessible à qui veut bien prendre le temps de lire, relire (*ruminare*) et méditer. Parmi les auteurs cités dans le traité on trouve surtout Platon et des platoniciens (Plutarque[17], Jean Damascène, Boèce[18]), Augustin, voire Lucrèce mais pas Aristote, sinon le pseudo Aristote du *De mundo.* On perçoit clairement un éloignement du Portique et un rapprochement avec Platon dès qu'il s'agit du corps : Lipse passe sous silence le corporalisme stoïcien tandis qu'il parle du corps comme d'un vêtement ou réduit le Moi à l'âme seule.

La référence essentielle, c'est bien entendu Sénèque, *Seneca noster*, Sénèque qui est des nôtres, entendons nous, chrétiens. Son édition de 1604 se donne pour objectif non seulement d'amender le texte en s'appuyant sur Érasme, Muret, etc., mais surtout de mettre Sénèque à la portée de tous grâce à des notes qui renvoient souvent à ses deux traités pédagogiques, en incitant à le lire avec des yeux de philosophe qui y cherche des leçons de vie et non pas en grammairien[19]. Après Sénèque, Épictète, mais très peu de référence aux fondateurs du Portique. « Les

16 Lettre du 20 XI 1575 à Cornelius Valerius in Papy, 2008, p. 51.

17 *Des délais de la justice divine* et *Sur la disparition des oracles.*

18 *La Consolation de la philosophie.*

19 « *Magni animi, magni ingenii atque etiam eloquii hoc scriptum : uno verbo inter optima. Ego itero magni animi scriptum est : robur ab eo in temporum hac hominumque cotidiana malitia capiamus* » *Senecae Opera*, 1605, p 170.

écrits de Sénèque et d'Épictète respirent je ne sais quelle chaleur qui gagne jusqu'au lecteur et ils semblent moins disserter sur la vertu que la greffer et l'inculquer[20] ».

L'ouvrage par excellence dont s'inspire le traité est évidemment *La constance du sage* auquel il faut ajouter *La tranquillité de l'âme*. Sénèque y multiplie les conseils pratiques et les règles permettant d'affronter sereinement l'adversité : anticiper les revers de fortune, prévoir les obstacles, ne pas s'attacher aux biens communément recherchés : argent, honneurs, plaisirs divers. La constance y est présentée comme une vertu virile, propre au seul sage en tant qu'il égale la divinité. On passe ici du champ des relations personnelles privées à celui de l'action politique : les coups qui frappent le sage sans le blesser ne sont plus la maladie ou le deuil des proches, comme dans les *Consolations* antiques, mais la guerre, l'exil, la perte de pouvoir ou d'influence politique. Le sage n'est cependant pas insensible mais impassible : d'une part parce que les coups n'atteignent pas la citadelle intérieure de l'âme, d'autre part parce qu'il ne peut pas perdre ce qui est constitutif de lui-même, à savoir sa vertu. Le sage est donc le seul homme en paix au sein de la guerre ou des désordres publics parce qu'il a appris à distinguer sa personne de sa fortune, à se désapproprier de ce qui n'est pas proprement sien. Il peut donc répondre au tyran : ce n'est pas toi qui m'as vaincu, c'est ta fortune qui a vaincu ma fortune[21]. Or les biens de fortune ne sont pas vraiment des biens puisqu'il n'y a de bien que l'honnête ; ce sont tout au plus des indifférents préférables. Ce sont, en outre, des avantages caducs destinés, par leur nature même, à changer fréquemment de maître et ce, de manière imprévisible. Le sage apprend donc à s'en détacher pour se reposer en soi.

Chez Sénèque donc : 1/ La constance est une *vertu qui n'appartient qu'au sage*. Elle manifeste le caractère spécifique de la sagesse qui est la cohérence de la vie et son accord avec la nature et la raison (*convenienter vivere*). En ce sens, elle s'identifie à la sagesse. Elle est la fermeté d'âme qui correspond *ad extra* à la fermeté et à la cohérence interne des représentations compréhensives. 2/ La constance est la *vertu qui répond aux*

20 *I Centurie*, Lettre 97 à Laevinus Torrentius, (trad. Papy, 2008, p. 54) « *Spirat nescio quis calor in Senecae aut Epicteti scriptis qui ad lectorem quoque pervenit, nec disserere illi magis de virtute videntur quam inserere et inculcare* ».

21 « *Teneo, habeo quicquid mei habui. [...] vicit fortuna tua fortunam meam.* » Sénèque, *Const.*, VI, 5-6.

attaques de la fortune. Elle manifeste la stabilité de l'âme sage face à la variabilité des événements, leur perpétuel renversement. Entre le sage et la fortune, il n'est pas de compromis possible : *vincit nos fortuna nisi tota vincitur*, la fortune triomphe de nous si nous n'en triomphons pas totalement. Vaincre la fortune, c'est la démythifier ; c'est montrer qu'elle n'est qu'une personnalisation erronée de ce qui a pour mode d'être ce qui est le plus inconsistant, le changement temporel. 3/ Le véritable nom de la fortune, en régime stoïcien, c'est le destin. Or, si Sénèque traite bien de la providence et du destin dans le *De providentia*, les *Questions naturelles* ou les *Bienfaits*, il n'en souffle mot dans la *Constance du sage*. C'est que la constance n'y est pas pensée dans une problématique de la liberté mais du rapport interpersonnel négatif (l'injure et l'offense), particulièrement dans le domaine des luttes pour le pouvoir politique[22]. En revanche chez Lipse, constance, providence et destin sont fortement liées.

On remarquera enfin que les références bibliques sont extrêmement rares et que lorsqu'elles apparaissent, ce sont les livres historiques de la Bible qui sont cités pour donner des informations historiques sur les malheurs du passé, à parité avec Josèphe ou Tacite.

Avant d'en venir à un rapide examen du contenu du traité, il vaut la peine de faire quelques remarques sur le style.

PARTICULARITÉS STYLISTIQUES

Le latin

Lipse écrit un latin compliqué, érudit, qui affectionne les mots rares et se complait dans les doublets (penser et décréter, modérer et tempérer), les allitérations. On en trouvera de nombreux exemples signalés en note. Son style est elliptique, bref, fluide, sur le modèle de Plaute ; comme le dit fort justement Jan Papy, il se présente comme un tableau dans lequel il y a toujours plus à interpréter qu'à voir[23].

Traduire, c'est nécessairement choisir. Et comme souvent chez les auteurs du XVIe-XVIIe, une difficulté particulière concerne la traduction du vocabulaire de l'esprit. Comme *anima* ne se présente qu'une fois (en I, 5) par opposition à *corpus*, on doit le traduire par âme. *Animus* est le

22 D'où l'insistance sur le fait qu'il s'agit d'une vertu virile : « Défendez le poste que vous a assigné la nature. Vous demandez quel poste ? Celui d'homme <*Vir*> ». *Ibid.*, XIX, 4.

23 Papy, 2008, p. 52.

terme le plus fréquent et je l'ai traduit par esprit, réservant pensée pour *mens* quand il s'agit de la faculté mentale ou *cogitatio* quand il s'agit de sa production ; *ingenium* renvoie au caractère, ou à l'intelligence. Le terme *intellectus* est absent.

Le vocabulaire de l'affectivité offre aussi quelque difficulté. J'ai choisi de traduire *affectus* selon le contexte par affect ou par passion, *voluptas* par plaisir, *gaudium* par joie ou contentement puisque *laetitia* est absent, *delectatio* par délectation.

Un mot, *clades*, revient si fréquemment dans le texte et dans des contextes si variés qu'il est quasiment impossible de le traduire toujours de la même façon. En général, je l'ai traduit par malheur mais aussi, en fonction du contexte par catastrophe (pour un tremblement de terre), massacre, calamité. Ce terme n'ayant pas de valeur conceptuelle, cette pluralité ne porte guère à conséquence.

Le jeu des métaphores

Qui lira le traité ne manquera pas d'être frappé par l'abondance des métaphores. Elles recouvrent principalement deux champs : militaire d'abord et médical. La métaphore militaire apparaît dès la deuxième préface puisqu'il s'agit de lutter contre le découragement et la fuite. Les quatre arguments principaux (I, 13) pour supprimer ou soulager les passions qui assaillent de malheureux progressants face aux malheurs publics sont présentés comme quatre bataillons que le général en chef Langhe déploiera chacun à son tour face à « l'armée des douleurs ». Ces quatre bataillons remplacent les quatre médicaments du *tétrapharmakon* d'Épicure. On trouvera ainsi le bataillon de la Providence (I, 13), le second (les armes d'or d'Achille) c'est la connaissance de la nécessité dans sa relation au destin de chacun (I, 15) ; le troisième bataillon, la légion adjuvante, porte sur l'utilité des malheurs (ils viennent d'un dieu bon et sont destinés au bien de celui qui les subit) en II, 6 ; enfin le quatrième (II, 19) consiste à montrer que les maux dont nous nous plaignons sont moins graves que ce qu'ils nous paraissent d'abord et qu'ils ne sont ni nouveaux ni trop lourds.

Si le jeu des métaphores militaires est assez classique, quoiqu'il soit particulièrement lourd ici, il s'accompagne de tout un jeu de métaphores médicales qui ont pu prêter à polémique, notamment quand elles sont prises au pied de la lettre. Celui qui souffre est malade. Il doit donc, pour reprendre une comparaison d'Épictète[24], aller voir le philosophe comme on entre dans le cabinet d'un médecin, où l'on ne va pas chercher du jasmin ou du pavot mais un remède amer, où l'on ne recherche pas le plaisir mais la santé. La douleur est une maladie contagieuse et pour l'endiguer, le philosophe médecin doit prodiguer des médecines efficaces (I, 3), soit des saignées préventives (II, 9), soit surtout le traitement par le fer et le feu (*ure et seca*[25]) qui évoque la technique chirurgicale de l'amputation et de la cautérisation. Cette métaphore, qui vient de Cicéron[26], est périlleuse à manier. Quand Lipse la reprend en 1589 dans les *Politiques*, dans un passage où il défend l'unité de religion dans l'État, il suscite une polémique avec Coornhert[27] qui y voit une défense de la persécution des hérétiques, effectivement soumis au fer de la torture et au feu du bucher.

Un mot enfin du jeu des *citations* : elles sont beaucoup moins nombreuses que dans les traités pédagogiques de 1604 et, outre les citations de poètes (Homère, Hésiode, Ovide, Horace, Virgile, Juvénal), ou d'auteurs de théâtre (Euripide et surtout Plaute), les citations ont à la fois une valeur d'ornement mais aussi de confirmation, soit pour signaler la pérennité d'une situation, soit avec valeur d'autorité. Ces citations sont parfois explicites et marquées graphiquement comme telles mais souvent aussi masquées. C'est le cas notamment de plusieurs *Adages* d'Érasme.

24 *Entretiens*, III, XXIII, § 30 « Une école philosophique, hommes, est un cabinet de médecin. En sortant, ce n'est pas du plaisir, c'est de la douleur qu'il faut éprouver ».

25 I, 7 ; I, 10 et II, 18 : « par le fer et le feu de la sagesse ».

26 Cicéron, IX, Philippique « appliquer le rasoir et le cautère afin qu'un des membres se perde plutôt que tout le corps ». Lipse, *Politica*, IV, 3.

27 *Cf.* Lagrée, 1994, p. 83-90.

CONTENU DU TRAITÉ[28]

Le *Traité de la constance* constitue à lui seul l'œuvre proprement philosophique et pas seulement doxographique de Lipse[29]. Cette œuvre suit son propre développement argumentatif mais constitue en même temps un exercice spirituel. Bien qu'écrite pour soi d'abord, elle doit pouvoir être reprise par chacun comme parénétique. Voyons donc en quoi consiste la constance, ce dont elle se distingue, ce qu'elle présuppose, ce qu'elle requiert et ce qu'elle produit. Lipse la définit ainsi :

> J'appelle constance la force droite et inébranlable de l'esprit qui n'est ni exalté ni abattu par les choses extérieures ou fortuites[30].

Cette définition insiste sur le vocabulaire de la solidité[31] et de la rectitude du jugement, fondées sur la droite raison et non sur l'opinion, qui distingue clairement la constance de l'opiniâtreté (*pervicacia*) ou de l'entêtement (*pertinacia*). Cette force s'enracine dans la patience ou « endurance volontaire et sans plainte de tous les accidents et incidents qui arrivent à l'homme de l'extérieur[32] ». Fondée sur la raison, parcelle en nous de l'esprit divin, la constance est donc d'emblée associée à la saisie de la vérité[33] et elle s'oppose à l'opinion toujours instable qui produit nécessairement regret et repentir. Inversement la vérité, toujours stable, engendre l'équilibre, la constance, l'ataraxie[34].

L'acquisition de la constance présuppose donc des exercices spirituels et intellectuels pour balayer les affects faussement vertueux que sont la pitié et le patriotisme et pour acquérir une vision juste de ce qui

28 Pour une analyse plus complète je renvoie à Lagrée, 1999, « La vertu stoïcienne de constance », p. 94-116.

29 Les *Politiques*, en dépit de leur importance historique, ne sont qu'un centon de citations bien organisées.

30 « *Constantiam hic appello rectum et immotum animi robur non elati externis aut fortuitis non depressi* ». *Const.*, I, 4.

31 *Robur* désigne le chêne puis par extension la solidité du chêne ou du fer ; Lipse précise ensuite « *robur dixi et intelligo firmitudinem insitam animo* ».

32 *Const.*, I, 4.

33 *Const.*, I, 5. Sur ce point Lipse est plus proche de Marc Aurèle que de Sénèque.

34 *Const.*, I, 6.

nous affecte de l'extérieur. Mais préalablement, il faut comprendre que ce que nous prenons à tort pour des maux ne nous advient pas par hasard ou par la volonté méchante d'une puissance supérieure mais proviennent d'un être tout puissant, sage et bon, Dieu et Raison tout ensemble. La providence divine qui désigne le « soin vigilant et perpétuel, et sans souci par lequel Dieu voit, pénètre et connaît toutes choses [...] et les gouverne dans un enchaînement immuable et inconnu de nous[35] », s'identifie à la loi universelle du monde. Cette loi se déploie en destins individuels, décrets éternels qui lient par une série causale dépendant de la cause première – Dieu – la suite des événements et de ce qui arrive à un individu. Le destin est certes, inconnaissable en particulier mais, si nous ne pouvons savoir *ce qu'est* le destin de tel ou tel, nous savons a priori *qu'il est* et qu'il dépend d'une cause unique, sage et bonne. La providence est une et condensée ; le destin s'applique au détail et doit être considéré comme « la distribution et le développement de cette Providence générale agissant d'une manière distincte et particulière[36] ».

UN EXERCICE SPIRITUEL ET INTELLECTUEL

La lecture du traité doit consister, à la suite de l'entretien de Lipse avec son mentor, en une démarche à la fois intellectuelle et spirituelle qui, après avoir écarté les fausses vertus, apprend à exercer la discipline du jugement, de la volonté et donc du désir.

Les fausses vertus

L'acquisition de la constance exige tout un art du discernement, qui porte notamment sur les affects personnels qui se masquent sous une apparence de vertu.

Le premier exercice de lucidité sur soi consiste à jeter le masque, à refuser la simulation[37] (*simulatio*) qui consiste à se prétendre affecté par des maux publics quand on ne pleure, comme le comédien Polus[38], que ses malheurs privés. Le second consiste à ne pas confondre la

35 *Const.*, I, 13.
36 *Const.*, I, 19.
37 *Const.*, I, 9.
38 *Const.*, I, 8.

pietas avec un patriotisme outré : ce dernier confond le lieu de l'âme et celui du corps et prend pour une affection naturelle pour la mère patrie un attachement culturel provoqué et entretenu par la coutume. « La vraie patrie est l'ensemble du globe, partout où des hommes naissent de la semence céleste[39] ». Ce cosmopolitisme n'est pas abstrait[40] et il implique une prise de distance par rapport à son pays et aux engagements coutumiers. De ce point de vue, la différence de considération du patriotisme – dévalorisé chez Lipse, revalorisé partiellement chez Du Vair[41] – traduit d'abord la différence de statut entre l'intellectuel, le professeur Lipse, dont la patrie est là où se trouve sa bibliothèque, et l'homme public, le garde des sceaux Du Vair, qui, dans le malheur public, réagit aussi en homme public. La troisième démarcation préalable consiste à écarter la commisération (*miseratio*), affection passive, narcissique, exhibitionniste[42], au profit de la miséricorde (*misericordia*) « inclination de l'esprit à soulager la détresse ou le chagrin d'autrui[43] », vertu active, impassible, silencieuse, efficace, qui s'accompagne de réserve et de retenue et refuse de céder à la contagion affective. L'exercice spirituel de réappropriation de soi doit commencer par une rééducation du jugement avant de pouvoir procéder à la discipline de la volonté.

Une culture du jugement

Si tout commence par le jugement, c'est que l'affect est une opinion faible, comme le dit Cicéron[44]. Pour diriger son jeune ami et restaurer l'équilibre de son âme, Langhe lui propose un quadruple remède : les maux publics sont a/ envoyés par Dieu ; b/ nécessaires, car ils proviennent du destin ; c/ utiles ; d/ moins graves qu'on ne le croit d'abord[45]. Ce qui correspond à quatre exigences : connaître, discerner, situer, comparer.

39 *Const.*, I, 9.
40 On peut penser aux divers pays successifs de la carrière universitaire de Lipse : Louvain, Iéna, Leyde, Louvain.
41 *Philosophie morale des Stoïques*, p. 93 ; *Constance et consolation*, p. 34-36.
42 « … vice d'un esprit petit et bas qui se laisse aller à la vue du mal d'autrui » I, 12.
43 *Const.*, I, 12, p. 203.
44 Cicéron, *Tusc.* IV, Chap. 6.
45 *Const.*, I, 13.

1. *Connaître* : À l'antique question *unde malum* ? Lipse répond avec toute la tradition *a Deo*. Comment ? Nécessairement. « Sur l'océan de la vie, tu refuses vainement de suivre le souffle modérateur de l'univers, car il faut suivre ou être entraîné[46] ». Si l'on pense que la source ultime de ce que l'on tient pour un mal est bonne et rationnelle, on peut admettre qu'« obéir à Dieu, c'est être libre », formule de Sénèque[47] qui revient comme un leitmotiv dans toute l'œuvre de Lipse. Mais, pour atteindre la véritable ataraxie, il faut davantage et d'abord pratiquer la discipline de l'assentiment, pour reprendre l'heureuse formule de P. Hadot[48].
2. *Discerner* : La première opinion fausse à déraciner, c'est la confusion des biens et des indifférents préférables ou encore du mal et des indifférents à éviter. Les faux biens et faux maux (*falsa bona et falsa mala*)[49] sont toutes les choses externes et fortuites qui affectent bien notre être mais ne concernent pas proprement notre âme et son bien, c'est-à-dire la vertu ou l'honnête. Parmi eux, les maux publics – guerre, peste, famine, tyrannie – sont assurément plus graves que les maux privés comme la douleur, la pauvreté, l'infamie, la mort, parce qu'ils affectent gravement un plus grand nombre de gens, qu'ils le font avec plus de tumulte et surtout parce qu'ils suscitent des réactions passionnelles contagieuses et néfastes qui se masquent sous les dehors de la vertu.
3. *Situer* : La troisième discipline du jugement consiste à mettre en perspective ce qui nous arrive et à inscrire le malheur particulier dans les bouleversements politiques mondiaux, dans une vision de l'histoire qui insiste sur le branle des empires et même plus, dans une vision cosmologique qui manifeste le branle universel du monde. Tout s'use dans la nature comme dans l'histoire ; tout se transforme, même ce que l'on croyait immuable comme l'ordre céleste puisqu'on a vu apparaître

46 « *Aut sequere, aut trahere.* » I, 14, p. 217. On reconnaît là clairement l'allusion à Sénèque : *Ducunt volentem fata, nolentem trahunt*, Ep. 107, § 10.

47 Sénèque, *De vita beata*, XV, 7, cité dans *Const.*, I, 14 p. 217.

48 P. Hadot, *La citadelle intérieure.*

49 *Const.*, I, 7, p. 165.

de nouveaux astres[50] et de nouvelles terres ; tous les éléments sont convoqués tour à tour : les transformations des astres (feu), les mutations de l'atmosphère (air), le flux de l'océan et les débordements des fleuves (eau) les tremblements de terre et l'engloutissement des îles (terre). La guerre des hommes s'inscrit dans l'immense cadre cosmologique de la guerre entre les éléments. Il en va ainsi des bouleversements des empires : « Les États, comme les hommes, ont leur adolescence, leur âge viril et leur vieillesse[51] ». Pour bien juger il faut varier les points de vue et changer de perspective. Lipse reprend à Machiavel[52] la distinction entre le point de vue de bas en haut et de haut en bas : vue d'en bas, la vanité des choses humaines a bien de quoi faire pleurer ; vu d'en haut, à partir de Dieu et de la Providence, on reconnaîtra « que tout est réglé dans un ordre calculé et immuable[53] ».

Nature, destin, fortune ne sont que des noms imparfaits, représentatifs d'une vision biaisée de l'unique Providence divine qui est comme le géométral de ces perspectives : fortune et nécessité (ou destin) ne seront plus à la fin que les deux faces, l'une imprévisible, l'autre prévisible aux hommes, de la toute puissance divine : « … en cette Nature, en ce Destin, en cette Fortune tous assemblés, reluit au travers de l'ignorance humaine, cette sage et excellente Providence divine, connue toutefois plus selon la proportion de notre faible entendement que selon son incompréhensible grandeur et majesté[54] ».

4. *Évaluer* : La prise en compte d'une vision perspectiviste apprend à voir la chose même, sans son déguisement. Après avoir appris à ne pas prendre nos malheurs pour des maux, leur mise en

50 *Const.*, I, 16 : « Cette année même <1572> a surgi un astre dont on a pu clairement observer les accroissements et les décroissances ; et, ce qui est difficile à croire, nous avons pu voir de nos yeux que dans le ciel même quelque chose peut naître et mourir. »

51 *Const.*, I, 16 ; réminiscence de Lucrèce.

52 Dédicace du *Prince* à Laurent de Médicis « Comme ceux qui dessinent les paysages se tiennent en bas dans la plaine pour contempler les montagnes et lieux hauts et se juchent sur celles ci pour contempler les lieux bas… ».

53 *Const.*, I, 17.

54 *Constance et consolation*, II, p. 92.

perspective nous apprendra qu'ils sont moins graves qu'on ne le croit d'abord et qu'ils ont des effets bénéfiques invisibles au premier regard. L'alternance est la loi du monde[55] ; la dissonance est nécessaire à l'harmonie[56] ; ce qui nous épouvante, comme les masques qui effraient les enfants, c'est la fausse image que nous nous faisons des choses[57]. Comparons les maux actuels avec les calamités anciennes et nous ne les trouverons ni bien grands ni bien graves[58]. Dès lors, on pourra passer à l'autre versant, plus positif, de cette reprise de soi, à savoir à la culture de la volonté.

Une culture de la volonté

La volonté est nôtre ; elle fait partie, comme exercice de notre liberté, des causes secondes inscrites dans le système providentiel de l'ordre cosmique : « Dieu, par l'impulsion du destin, entraine toutes les choses humaines sans leur ôter leur force particulière ni son mouvement propre[59] ». Toutefois, la vraie liberté n'est pas dans la révolte vaine contre Dieu, qui reste toutefois possible[60], mais dans l'obéissance à Dieu, comme l'homme qui accroche sa barque à un rocher se sert de cette attache pour gagner la rive et non pour amener la roche à soi[61].

Il faut admettre enfin une finalité, une utilité du mal[62], à la fois pour l'homme et pour le monde. Pour l'homme, cette utilité se décline en trois verbes : exercer, corriger, punir[63]. Les calamités servent de palestre aux bons, elles fouettent, freinent et fortifient les faibles, elles

55 *Const.*, I, 16.

56 *Const.*, II, 11 : « Je ne conçois aucun ornement dans cette immense machine sans la variété et les vicissitudes des choses. [...] Toujours la satiété et l'ennui accompagnent l'uniformité ».

57 *Const.*, II, 19.

58 *Const.*, II, 20. Lipse se livre à une comparaison chiffrée des pertes humaines lors de différentes guerres antiques et modernes pour minimiser les troubles présents.

59 *Const.* I, 20.

60 « Car à l'homme est au moins laissé son libre arbitre qui lui permet de vouloir lutter contre Dieu, de faire des efforts contre Dieu ; mais il n'a pas la force de le pouvoir ». *Const.*, I, 20.

61 *Const.*, I, 14.

62 *Const.*, II, 6.

63 Respectivement livre II, Chap. 8, 9 et 10.

punissent, en eux-mêmes ou dans leurs contemporains ou descendants, les méchants[64]. Pour le monde, enfin, elles jouent le rôle de régulation démographique[65]. Toutefois, ces potions amères sont beaucoup moins efficaces que le remède de choc que constitue la prise de conscience de la nécessité. Les lamentations ne servent à rien contre elle ; on ne se révolte pas contre l'inéluctable, on ne peut que consentir à ce qu'il impose[66]. Face à la quête des causes ultimes des maux qui nous affectent, Lipse oppose aussi le remède de la docte ignorance : *in divinis superisque, una scientia, nihil scire*[67], « dans les choses divines et d'en haut, il n'est qu'une science, ne rien savoir ».

LES ACQUIS DE LA CONSTANCE

Une fois pratiquée cette double discipline du jugement et de la volonté, on peut accéder aux fruits de la constance qui se manifestent par une compréhension de l'enchaînement de toutes choses et par l'ataraxie et le contentement. Il y a en effet selon Lipse un lien entre constance et ataraxie d'un côté, sécurité, tranquillité, confiance en Dieu de l'autre[68]. La constance est une vertu qui renvoie à une *triple consécution*, cohérence ou *akolouthia* : la première est celle du destin, symbolisée par la chaîne d'or homérique[69], qui relie le ciel à la terre et signifie la chaîne des causes et des raisons qui fait dépendre ce qui arrive sur terre de la Providence divine ou loi du monde. La seconde est la cohérence des représentations et la consécution (*sequela*) entre principes et préceptes. « C'est le propre des stoïciens de tout lier et enchaîner comme des maillons d'une chaîne afin qu'il y ait non seulement un ordre mais une consécution et cohésion des choses[70] ». La troisième est la connexion des vertus[71], fondée sur l'unité du jugement : le courage que produit la constance ne va pas sans prudence, c'est-à-dire sans discernement.

64 Lipse reprend à la fois à la Bible et à Plutarque, *Des délais de la justice divine*, le thème d'une solidarité des hommes dans le mal et dans la punition.

65 *Const.*, II, 11.

66 *Const.*, I, 21.

67 *Const.*, II, 13.

68 *Manuductio*, III, 5 : le sage est toujours dans la joie (chapitre qui porte sur les trois constances).

69 Homère, *Iliade*, VIII, 19 ; *Constance*, I, 14.

70 *Manuductio*, III, 1 ; *cf.* Jacqueline Lagrée *Lipse et la restauration du stoïcisme*, p. 98.

71 Selon Sénèque, *Ep.* 67, § 10, que cite la *Manuductio* III, 4, chapitre intitulé « Toutes les vertus sont égales ». Le courage a pour rameaux l'endurance, la patience et l'acceptation

Les fruits de la constance sont également triples : C'est d'abord *l'ataraxie* qu'il ne faut pas confondre avec l'apathie. Le *Manuel de philosophie stoïcienne*[72] distingue avec Diogène Laërce, une double apathie, celle du sage et celle du sot. Cette dernière est pure insensibilité[73], la première est la stabilité de l'âme fondée sur l'immuable raison. L'âme apaisée est comme un jardin clos, protégé des bruits de la cité : « Bien clos, bien abrité contre les choses du dehors, je demeure en moi-même préoccupé du soin unique de soumettre à la droite raison et à Dieu mon esprit dompté et à mon esprit toutes les choses humaines[74] ». C'est ensuite le *courage*[75], le grand courage, constant et droit « toujours égal à soi-même en l'une et l'autre fortune qui ne s'élève pas par la prospérité ni ne s'abaisse par l'adversité[76] ». C'est lui qui donne la force de lutter efficacement contre les malheurs publics et fait passer de la *miseratio* à la *misericordia*. C'est enfin sinon le *contentement*, au sens que ce terme prendra chez Descartes, au moins l'acceptation de la situation, l'attachement au présent[77] et la reconnaissance d'un sens caché et méconnu de l'histoire. Pas plus que de regret, le sage n'éprouve de crainte ni d'espoir.

LES CRITIQUES

Cet ouvrage qui, selon ses lecteurs pieux, accordait trop peu à l'Écriture sainte et aux enseignements révélés suscita de nombreuses critiques adressées à Lipse même, ce qui témoignait du fait que l'ouvrage était bien pris pour un traité de philosophie en nom propre et non pas pour un exposé de doctrine stoïcienne à destination des étudiants. Lipse y répondit dans la deuxième préface et à la marge, en ne modifiant que

---

(*tolerantia*) ; la prudence est liée à la constance.

72 *Manuductio*, III, 7.

73 L'apathie mégarique est donc considérée comme insensibilité sotte ou mauvaise, c'est-à-dire dure et implacable selon Diogène Laërce, *Vies*, VII, § 117.

74 *Const.*, II, 3.

75 La constance, opposée à la fuite, est présentée comme une vertu de combat au début du dialogue en I, 3, p. 147.

76 *Conseils et exemples politiques*, I, 7.

77 *Cf.* Sénèque, *Brièveté de la vie*, IX, 1. *Du bonheur*, VI, 2 et Marc-Aurèle, *Pensées*, II, 14 ; III, 10 ; IV, 47. *Cf.* P. Hadot, « Le présent seul est notre bonheur » *Diogène*, 133, p. 59-81.

quelques expressions. On peut aussi considérer que la publication de la première *Centurie* de lettres en 1586, deux ans après la publication du *De constantia*, constitue une forme d'autojustification[78].

Ces critiques se rangent sous cinq thèmes principaux :

1. Un *manque de piété* dont témoigne l'exaltation de la raison droite, la *recta ratio* aux dépens de la doctrine révélée. Pour les Réformés, à la différence des Catholiques, la raison n'est plus droite après le péché originel mais déformée. Lipse y répond en définissant la *recta ratio* non comme la raison avant le péché originel ni comme la raison délivrée des passions, ce qui est la conception stoïcienne, mais comme la raison dirigée par Dieu.
2. On reproche à Lipse de *faire trop peu de cas de l'importance de la révélation* et son manque de référence aux textes sacrés ; c'est notamment le cas de Torrentius, évêque d'Anvers, vieil ami de Lipse dans une lettre du 5 avril 1584, qui lui reproche de s'en être tenu à la seule sagesse humaine, vaine et incertaine. Il considère aussi que le stoïcisme est incompatible avec le christianisme. Lipse y répond en reprenant la métaphore augustinienne du droit des Juifs, après la traversée de la Mer rouge, à se servir de la vaisselle des Égyptiens[79] ou à utiliser le matériau des philosophes préchrétiens comme fait un architecte moderne des ruines des Anciens. Il se refuse à écrire en théologien, ce qu'il n'est pas, mais veut se comporter seulement en philosophe, mais en philosophe chrétien.
3. *Le destin.* Cette critique est double : elle porte sur la définition du *fatum* et sur sa compatibilité avec l'enseignement de la foi chrétienne. Lipse rejette le destin des astrologues et définit le destin comme le seul enchaînement des causes. La seconde partie de cette critique porte sur la possible conciliation du destin avec le libre arbitre de l'homme. Il s'agit de montrer que l'homme pèche librement quoique nécessairement puisque sa faute est connue de Dieu avant de se produire et que sa volonté fait partie des causes secondes qui interviennent dans le réseau causal de son destin. Pour ses lecteurs réformés et surtout catholiques,

78 *Cf.* Papy 2001 p 231.
79 Augustin, *Doctrine chrétienne*, II, XL, 60.

Lipse est trop proche de la prédestination calviniste ; pour ses lecteurs calvinistes, sa position est trop laxiste. Il n'y a pas dans le *De constantia* de prédestination au sens propre mais une inscription de ma vie dans la préordination divine. La prédestination lipsienne n'est pas la volonté incompréhensible d'un dieu tout puissant mais la nécessité qui découle de l'ordre rationnel des causes, posé par Dieu arbitrairement mais une fois pour toutes. On pourrait ici faire des rapprochements avec des critiques analogues adressées sur ce sujet à Spinoza et à Leibniz. Sauf que chez Spinoza il n'y a pas de préordination divine volontaire et que chez Leibniz, le nécessitarisme est adouci par l'hypothèse de l'harmonie préétablie.

4. *La punition des fautes* (II 10) est-elle bonne pour tous ? Lipse s'en justifie par un argument d'autorité en renvoyant à la *Consolation de la philosophie* de Boèce, même si les arguments présentés viennent plutôt des traités moraux de Plutarque sur ce sujet.
5. *Pourquoi préférer les stoïciens* qui nient l'immortalité de l'âme et justifient le suicide à Platon et Aristote ? Lipse défend bien la grandeur de la pensée morale du Portique et de sa conception de Dieu ; il adoucit à l'occasion la rigueur stoïcienne avec des éléments platoniciens ou néoplatoniciens. Mais plus fondamentalement l'avantage des Stoïciens, c'est qu'ils n'ont jamais servi de grille de lecture à la révélation et qu'ils sont donc une source fraiche et pure de toute dispute théologique.

POSTÉRITÉ DU TRAITÉ

Les imitations du traité de Lipse furent nombreuses, surtout chez les Réformés à qui convenait bien cette volonté de réforme de la morale ainsi que cette rigueur dans la conception de la raison et de la destinée. Celui qui s'en inspire le plus directement tout en infléchissant le propos du côté des valeurs chrétiennes, c'est le *Traité de la constance et de la consolation* du catholique Guillaume Du Vair[80] publié en 1590. Puis

80 Sur le stoïcisme de Guillaume Du Vair je renvoie aux travaux d'Alexandre Tarrette.

vient le Sénèque chrétien (1605) et *Le ciel sur la terre ou Discours sur la vraie tranquillité de l'esprit*[81], de l'évêque anglican Joseph Hall, très vite plagié par *L'Escole du sage* d'Urbain Chevreau (1664). Sans prétendre les énumérer tous[82] on peut encore citer par ordre chronologique :

GOULART, Simon, *Le sage vieillard,* Paris, 1612.
HEINSIUS, Daniel, *De stoica philosophia oratio*, Leyde, 1626.
BONA, Claude (cardinal), *Manuductio ad coelum medullam continens Sanctorum patrum et veterum philosophum,* Cologne, 1658.
DU MOULIN, Pierre, *Traité de la paix de l'âme et du contentement de l'esprit*, Sedan, 1660.
LE GRAND, Antoine, *Les caractères de l'homme sans passion selon les sentiments de Sénèque*, Paris, 1663.
DE SARASA, Alfonse Antoine, sj. *Ars semper gaudiendi ex principiis divinae providentiae et rectae conscientiae deducta*, Anvers 1664.
MACKENSIE, Georges, *Religio stoici with a friendly addresse to the Phanaticks of all sects and sorts*, Edinburgh, 1665.
ABBADIE, Jean, *L'art de se connaître soi-même ou la recherche des sources de la morale*, Rotterdam, 1693.

POURQUOI REFAIRE UNE NOUVELLE TRADUCTION ?

On peut certes toujours se poser la question de la nécessité d'une nouvelle traduction. On pourrait arguer que la dernière traduction française qui date de 1870 par un belge anti communard, Lucien du Bois, souffre de nombreuses approximations. On remarque d'ailleurs que les textes néostoïciens ont été publiés, republiés ou traduits dans des époques de crise : 1870 pour la traduction française de Lipse, 1946 pour dernière publication de *La philosophie morale des Stoïques* de Du Vair. Je n'échappe pas à la règle puisque j'entrepris cette traduction en janvier 2014 comme thérapie à la douleur de la perte de mon fils Benoît, disparu dans la forêt d'Absalon, en Martinique. Cette fois encore, la

81 Traduction Jaquemot, Genève, 1629.
82 Pour une analyse plus complète *cf.* J. Lagrée, *Le néostoïcisme* Vrin, Paris, 2010.

philosophie du Portique, à laquelle m'initia Jean Paul Dumont, m'est apparue comme une « philosophie par gros temps » et, si la philosophie ne console pas du deuil quoiqu'en ait dit Sénèque, au moins reste-t-il que le travail intellectuel est un divertissement de nos misères.

J'ai voulu offrir par ce livre une traduction annotée et non pas un commentaire ou une discussion philosophique pour lesquels je renvoie à d'autres ouvrages sur Lipse ou sur le néostoïcisme. C'est pourquoi j'ai tâché d'éviter dans les notes toute interprétation philosophique pour m'en tenir à des élucidations historiques ou philosophiques qui me paraissaient utiles pour les étudiants d'aujourd'hui et pour ceux qui ne lisent pas le latin.

C'est donc à eux que j'adresse, comme jadis Lipse, l'envoi final, *Sapientiam et doctores ejus, ama, et me qui conatus esse*[83].

Cette traduction n'aurait pu voir le jour sans Pierre François Moreau qui me suggéra ce travail pour l'accueillir dans sa collection, Jan Papy qui me transmit des études qu'il avait faites sur le De constantia et les premières Centuries de lettres, et R. V. Young dont j'expertisai jadis le manuscrit de sa traduction anglaise du traité et à qui je dois l'élucidation de bien des sources de citations, crypto citations ou de références avouées ou cachées. Sans oublier mon ami Paul Jacopin qui eut la patience de relire ma traduction et sut me suggérer quelques trouvailles stylistiques ; les fautes qui demeurent sont miennes.

83 « Aime la sagesse et ses maîtres, et moi, qui m'efforce d'être sage ». *Manuductio*, III, 24.

LA CONSTANCE

Traité en forme de devis familier dans lequel
on traite des afflictions, particulièrement publiques,
et comme il faut se résoudre à les supporter.

DÉDICACE

Aux nobles et magnifiques consuls, au Sénat et au peuple d'Anvers,
Moi, Juste Lipse,
Je dédie et consacre

Ces livres sur la constance que j'ai écrits et achevés avec constance au milieu des troubles de ma patrie : j'ai jugé bon de vous les donner et dédier, à vous, illustres magistrats d'une illustre cité. Votre splendeur, votre prudence, votre vertu m'y ont poussé ainsi que cette humanité, que j'ai personnellement éprouvée et qui vous est propre, envers les gens de bien et les doctes.

Ce présent, je pense, ne vous sera pas désagréable ; il n'est pas grand par lui-même mais mon intention lui donnera du poids car je lui ai donné ce que, en cet instant, j'avais de meilleur et de plus considérable dans tout mon bagage littéraire.

Enfin sa nouveauté le recommandera car, si je ne me trompe, je suis le premier à entreprendre d'ouvrir et de déblayer ce chemin de la Sagesse longtemps fermé et obstrué d'épines, le seul qui, uni aux lettres divines, puisse conduire à la tranquillité et au repos. Les forces ont pu me manquer mais non pas, certes, la volonté de vous être agréable et d'en aider d'autres : car il est juste que vous soyez aussi justes envers moi que je le suis envers ce grand Dieu qui, je le sais, n'a pas tout donné à un seul[1]. Adieu.

---

1 Virgile, « *Non omnia possumus omnes* », *Églogues* VIII, 63.

PRÉFACE DE LA PREMIÈRE ÉDITION[1]

AU LECTEUR

Du projet et de la fin de cet écrit

Il ne m'a pas échappé, lecteur, que dans ce nouveau genre d'écrits, je me préparais à recevoir de nouvelles critiques et censures ; soit de ceux que frappera cette profession inattendue de sagesse de la part de quelqu'un qui, pensaient-ils, ne s'occupait que de littérature plus charmante, soit de ceux pour qui sera de peu de poids et méprisable tout ce que, après les Anciens, on se donnera la peine d'établir dans cette étude et cet exercice[2]. Il me faut donc répondre aux deux, brièvement, dans mon intérêt comme dans le tien.

Les premiers me semblent pécher de deux façons très différentes : par défaut et par excès de soin[3]. Par excès, en ce qu'ils se croient autorisés à pousser trop loin l'enquête sur les études des autres ; par défaut, en ce qu'ils manquent pourtant d'attention et de diligence dans cette enquête. Car, pour me faire connaître d'eux, je dirai que jamais les collines et les fontaines des Muses ne m'ont absorbé tout entier au point de ne pas tourner sans cesse mes yeux et ma pensée vers cette déesse plus sévère, la Philosophie[4]. Son étude a eu tant d'attraits pour moi depuis l'enfance que je semblais pécher par ardeur juvénile et qu'il fallut me freiner et me brider. Mes maîtres de Cologne le savent bien : ils m'arrachaient des mains tous ces livres et commentaires laborieusement confectionnés à partir de toute sorte d'interprètes. Je n'ai pas changé. Dans tout le cours de mes études, j'ai tendu, je le

1 1584.

2 Jeu de mot sur *studium/stadium.*

3 Allitération *incuria/curia.*

4 Le modèle est sans doute ici la *Consolation de la philosophie* de Boèce.

sais, sinon en ligne droite et rigoureuse, du moins obliquement, vers ce but de la Sagesse.

Mais je n'ai pas suivi le chemin que prend la foule des philosophes, lesquels, adonnés malheureusement aux épines des arguments et aux lacets des questions, ne font que tisser et retisser avec un fil subtil de disputes captieuses[5]. Ils s'en tiennent aux mots et aux subtilités de langage et consument toute leur vie sur le seuil de la philosophie, sans jamais en voir le sanctuaire. Ils la tiennent pour un divertissement, non pour un remède et détournent cet instrument très sérieux de la vie en un jeu de bagatelles. Lequel d'entre eux s'enquiert des mœurs ? Qui tempère les passions ? Qui pose un terme ou une mesure à la peine ou à l'espoir ? Ils ne pensent pas que ces sujets concernent la sagesse. Ils jugent que ceux qui en traitent font tout autre chose ou ne font rien. C'est pourquoi, si tu considères leur vie ou leurs jugements, tu ne trouveras rien, même chez le vulgaire, de plus méprisable que la première, de plus sot que les seconds. Comme le vin, la boisson la plus saine, est un poison pour certains, de même pour eux, la philosophie dont ils abusent.

Mais ma pensée était autre, moi qui ai toujours navigué loin de ces récifs d'arguties et qui ai toujours tourné ma voile vers le seul port de la paix de l'âme[6]. J'ai voulu que ces livres fussent un premier et sincère échantillon de cette étude.

Mais cependant, diront d'autres, les Anciens en ont mieux traité et plus abondamment. De certaines questions, je l'avoue mais de tout, non. Si je traite par endroits des mœurs et des passions après Sénèque et le divin Épictète, j'en tire peu de vanité et d'assurance. Mais si je traite de ce que ni eux ni aucun des Anciens (et cela je l'affirme avec confiance) n'ont même pas effleuré, qu'ont-ils à me reprocher ou à me harceler ? J'ai cherché des consolations aux maux publics : qui l'a fait avant moi ? Qu'on considère le contenu ou l'ordre : ils sont de moi, il faut le reconnaître et quant aux mots, on peut le dire, nous en avons assez pour ne pas avoir besoin d'en demander à quiconque.

Enfin, qu'on le sache bien : j'ai écrit beaucoup de choses pour autrui mais ce livre, je l'ai d'abord écrit pour moi ; les autres pour la gloire, celui-ci pour le salut. Je proclame avec vérité ce mot profond et incisif

---

5 Premier signe du mépris constant de Lipse pour les disputes scolastiques auquel renvoie le terme technique de *quaestio*.

6 Image empruntée à saint Augustin *Vita beata*.

d'un ancien : *il me suffit d'avoir peu de lecteurs, il me suffit d'un, il me suffit d'aucun*[7].

Je demande seulement à qui prend ce livre d'y apporter un esprit de connaissance et d'ignorance en même temps. Si j'ai pu me tromper quelque part, en particulier quand je me suis efforcé d'escalader ces lieux plus élevés portant sur la providence, la justice, le destin, qu'on me pardonne parce qu'il n'y a assurément nulle malice et obstination mais seulement la faiblesse et l'ignorance humaines. Enfin qu'ils m'instruisent : je réponds que nul ne sera aussi prompt à m'avertir que moi à changer ; je ne retranche ni ne minimise mes autres défauts naturels mais je refuse et exècre l'obstination et le zèle disputeur.

Salut lecteur ! Puisse ce livre t'être de quelque utilité !

---

7 Mot attribué par Sénèque à Épicure (Us. 208) : « Ce n'est pas pour la foule mais pour toi. Nous constituons l'un pour l'autre un suffisant auditoire ». *Ep* VII, 11.

SECONDE PRÉFACE

Au lecteur
Défense[1] *de ma* Constance.

Lecteur si, dans cette nouvelle édition, je m'adresse à toi de nouveau, cela va à l'encontre de mon souhait mais pas de ma pensée. J'avais prévu ces jugements et les avais même prédits[2]. On nie[3] que j'aie traité ce sujet avec assez de piété et dans certains passages avec assez de vérité.

Pas assez de piété parce que, semble-t-il, je n'en ai traité qu'en philosophe et que je n'ai pas regardé les livres sacrés d'aussi près que j'aurais pu et dû. Ce reproche m'est fort agréable : je veux leur faire une réponse simple et sans fard. J'aime qu'on me demande avant tout une piété manifeste ; je les avertis seulement de considérer d'abord sérieusement la fin et le but de mon travail. Si j'ai vouloir agir en théologien, j'ai eu tort ; mais si c'est en philosophe, pourquoi m'accusent-ils ? On tire des fossés, disent-ils, ce qu'il faudrait tirer de la source très pure des lettres divines. Est-ce là qu'il faut en venir ? J'atteste et je réponds de bon cœur que je ne connais pas d'autre voie de salut que celle qui conduit par ce chemin unique et droit ; mais cependant, pour le parcourir jusqu'au bout, je pense que les lettres humaines apportent quelque adoucissement et même quelque secours. Je connais le conseil d'Augustin de recueillir les écrits des philosophes et de se les approprier en les arrachant à ces injustes possesseurs[4]. J'ai voulu le suivre. Ai-je péché ? J'aurais péché,

---

1 *Praescriptio* peut se traduire par « avant propos » ou par « défense » ou « Apologie ».

2 Voir la première préface où il prévoit plutôt d'être blâmé pour son intrusion en philosophie.

3 Allusion à la critique de Torrentius, auteur d'une lettre critique du livre de Lipse.

4 Allusion à un passage de la *Doctrine chrétienne* où Augustin recommande de s'approprier les écrits des Platoniciens « Quant à ceux qu'on appelle philosophes, si par hasard ils ont émis des idées vraies et conformes à notre foi, tout particulièrement les Platoniciens, non seulement on ne doit pas redouter ces idées mais il faut même les leur réclamer pour notre usage comme à d'injustes possesseurs » *Doctrine chrétienne*, II, XL, 60 qui reprend le modèle biblique du réemploi par les Hébreux des vases des Égyptiens après le passage de la Mer rouge.

je l'avoue, si j'avais corrompu ce nectar mystique et pur de notre religion avec quelque vieille lie nauséabonde. Mais j'ai fait l'inverse. J'ai commencé par purger et clarifier cette doctrine par elle-même sale et crasseuse, avec ce nouveau soleil. À qui profite ce qui n'est pas bon[5] ? Dans la bataille, nous le savons, la cavalerie et l'infanterie font l'essentiel du travail. Méprise-t-on pour autant les archers et les frondeurs ? Dans la construction d'une maison, la plus grande gloire et la pratique vont à l'architecte : supprimera-t-on donc les ouvriers et leurs assistants ? Pense la même chose ici : les lettres divines sont le foyer efficace de la vraie force, de la vraie vertu et de la solide constance mais ne méprise pas la sagesse humaine, je veux dire non pas la vaniteuse mais la servante utile et calme[6]. Nous ramassons les pierres, le ciment et la chaux de ce vieil édifice de la philosophie, écroulé depuis longtemps. Ne refusez pas ce léger profit à l'architecte et accordez lui d'étendre ce matériau au moins dans les fondations.

Mais, dira-t-on, tu ne devrais pas négliger, même dans les termes, ces matériaux sacrés qui sont meilleurs. Meilleurs, je l'accorde mais aussi plus lourds. J'étends mes bras et je pèse mes articulations et mes forces[7] : pourquoi m'imposerais-je une charge que je suis incapable de porter ? Je laisse ces sujets grands et élevés aux théologiens, hommes grands et élevés – et ce siècle en a porté d'éminents. Mon esquif côtoie le rivage. Moi, j'agis en philosophe, mais en philosophe chrétien.

Et quant aux mots, pourquoi se troubler ? Qu'on ne regarde pas leur style mais leur sens, non s'ils sont usuels mais s'ils sont vrais. Si le sens est correct, qu'importe, en un sujet si ardu, de quel voile ou vêtement je les ai habillés (à condition qu'il soit convenable) ? S'il est trompeur, qu'on le prouve.

Mais c'est précisément ce que nous voulons, disent-ils. Certains de tes écrits ne sont pas selon la foi. Tu te trompes sur la droite raison[8] ; avec les Anciens tu lui donnes trop d'importance et tu l'exaltes trop. Moi ? Dans leurs termes peut–être, jamais dans mon sens à moi. Et pour qu'on ne se trompe pas, je l'atteste en un mot : je n'entends par la raison droite et pure que celle qui est dirigée par Dieu et qu'éclaire la foi.

5 Argument du *cui bono* ? À qui cela profite ? Cicéron, *Pro Milone,* 32.

6 Topos de la *philosophia ancilla theologiae*, de la philosophie servante de la théologie.

7 Allitération *artus artesque.*

8 La droite raison *recta ratio* est la raison épurée des affects pour les Anciens et pour Lipse guidée par Dieu alors que, pour les Stoïciens, la droite raison se confond avec l'hégémonique divin.

Mais, enfin ! C'est une subtilité illégitime, quand une thèse est bonne dans son ensemble, de chercher prétexte à la calomnie dans tel ou tel mot. La raison elle–même, par ses propres forces, ne conduit pas à Dieu ni au vrai mais cependant, tout comme nous regardons une éclipse de soleil dans un bassin ou dans l'eau, grâce aux rayons du soleil qui s'y réfléchissent obliquement, de même regardons-nous les choses divines mais, attention, seulement grâce à Dieu même. Sur le destin et ses effets, la punition des impies pour leur bien, si j'ai été trop dur ou leur ai pris quelque chose de trop subtil, ou si j'ai bridé la douleur et les affects de façon trop étroite, je veux que le juste lecteur me lise et me comprenne avec justice : c'est pour cela que j'ai mis des notes marginales. Mon intention a partout été bonne et si quelque part ma langue ou ma plume, qui sont humaines, ont titubé, je demande qu'on ne me punisse pas trop sévèrement. Je suis de ceux qui ont la piété dans le cœur plus que dans la bouche ; je préfère l'exercer ardemment en acte plutôt qu'en paroles. Et j'ose le dire, ce siècle ne me plait guère, le plus fécond de tous en religions et le plus stérile en piété. Combien de controverses partout ? Que de querelles ! Et quand ils auront tout fait, qu'ils auront survolé le ciel et la terre sur l'aile d'un esprit subtil, qu'auront-ils fait d'autre que le Socrate d'Aristophane[9] : *marcher dans les nuées.*

Voici, cher lecteur, ma brève défense : si tu es juste, elle sera superflue, sinon elle suffira. Je t'exhorte et t'avertis avec soin pour empêcher que ces nouveaux Domitiens[10] ne dégoutent ton esprit et ne le détournent de l'étude authentique de la philosophie, eux qui, s'ils en avaient la capacité et les forces, ne l'exileraient pas seule mais avec tous les arts libéraux. Regarde plutôt les anciens Pères, grecs et latins : tous se tiennent devant nous, en bataillon serré ; ils ne proposent pas seulement une étude modeste de la philosophie mais la conseillent et l'inculquent. Avec le bouclier de leur autorité, je pense trouver un abri suffisant contre ces géants, sans avoir besoin d'un autre argument.

Car pourquoi louer plus abondamment la philosophie ? Pour rien. Car comme la hauteur des montagnes n'apparaît pas de loin mais quand on s'en approche, ainsi la splendeur de la philosophie n'est visible que si on

9 Allusion aux *Nuées* 225 d'Aristophane, comédie qui dépeint Socrate enseignant de son nuage.

10 L'empereur romain Domitien (51-96) a banni les philosophes de Rome et de l'Italie en 89 et 95 pour avoir fourni des arguments contre sa politique. *Cf.* Suétone, *Vie des douze Césars*, Domitien, X.

l'approfondit. Mais on ne peut l'approfondir sans la religion chrétienne et vraie ; si l'on supprime cette lumière, je reconnais et proclame qu'elle est illusion, vanité, folie. Tertullien a bien dit : *Qui connaît la vérité sans Dieu ? Et Dieu sans le Christ*[11] *?* Je termine et me repose sérieusement sur cette formule et te souhaite de t'y reposer avec moi.

11 La formule ne se trouve pas exactement en ces termes chez Tertullien ni Lactance mais on y trouve bien la thèse.

LIVRE I

CHAP. I
Préface et introduction. Plainte sur les troubles des Flandres.

Il y a quelques années[1], j'étais parti pour Vienne en Autriche, fuyant les troubles de ma patrie ; je me détournai légèrement de ma route, sous la conduite de Dieu, vers Liège[2], ville où j'ai des amis que l'affection et la coutume me poussaient à aller saluer. Parmi eux, Charles de Langhe[3], le meilleur et le plus savant de tous les Flamands, dirais-je sans mensonge ni flatterie. Il m'accorda l'hospitalité et adoucit mon sort non seulement par toute sa courtoisie, bienveillance et affabilité mais encore par des propos qui me furent non seulement utiles mais salutaires toute ma vie. Ce fut lui qui m'ouvrit les yeux, en détournant les nuages des opinions communes, l'homme qui me montra la voie pour parvenir directement, comme dit Lucrèce, à ces

Temples sereins, élevés par la doctrine des sages[4].

Un après midi, sous un soleil ardent – c'était presque à la fin juin – nous nous promenions dans son vestibule et il m'interrogea avec beaucoup de douceur sur les causes de mon voyage. Je lui répondis longuement, librement et avec franchise : les troubles de Flandre, l'insolence des officiers et des soldats, et j'ajoutais que c'était bien cela la raison profonde

---

1 Lipse s'est rendu à Vienne fin 1571-début 1572 ; la date (fictive) de la rencontre est juin 1572.

2 Liège est alors une principauté épiscopale indépendante de la domination espagnole et donc des troubles que Lipse entend fuir.

3 Carolus Langius (1521-1573), Charles de Langhe, philologue, éditeur de Cicéron et de Plaute à Anvers, était alors chanoine de la cathédrale de Liège. La visite de Lipse à Langhe est réelle même si la date et les propos sont fictifs. *Cf.* Jean Nicolas Paquot, *Notice pour servir à l'histoire des dix sept provinces des Pays Bas, de la principauté de Liège et d'autres voisines*, Louvain, 1768, T. XI, p. 154-160.

4 Lucrèce *de natura rerum, de la nature*, II, 8.

de ma fuite, bien que j'en eusse prétexté une autre. Qui donc, Langhe, pourrait supporter de tels maux plus longtemps, avec un cœur ferme et comme bardé de fer ? Nous sommes ballotés depuis tant d'années, vois-tu, dans l'agitation des guerres civiles et, comme sur une mer houleuse, par de multiples vents de troubles et de séditions. Le loisir et le repos du cœur ? Les trompettes et le fracas des armes l'interrompent. À la campagne ou au jardin ? Le soldat et l'assassin me repoussent en ville. C'est pourquoi, je me suis décidé à quitter cette Flandre malheureuse et hostile[5] (que le génie de ma patrie me pardonne !), à changer terre pour terre comme on dit[6] et à fuir dans quelque coin de terre *où je n'entendrai plus le nom et les faits des Pélopides*[7].

Langhe, étonné et tout ému : Ainsi, toi, Lipse, tu t'éloignes de nous ? De vous dis-je ou plutôt de cette vie. Ou trouver sinon dans la fuite, un refuge[8] à ces maux ? Car voir et supporter cela chaque jour, je n'en suis pas capable, Langhe : je n'ai pas de cuirasse d'acier autour de la poitrine.

Langhe, à ce discours, soupira. O fragile jeune homme[9], quelle est cette faiblesse ? À quoi penses-tu pour chercher le salut dans la fuite ? Ta patrie est troublée et agitée, je l'avoue. Mais quelle partie de l'Europe ne l'est pas aujourd'hui ? On pourrait en vérité présager avec ce vers d'Aristophane :

Jupiter tonnant met le haut en bas[10].

Aussi ce n'est pas ta patrie qu'il te faut fuir, Lipse, ce sont tes passions. Il faut affermir et reformer[11] ton cœur pour trouver le repos dans les troubles et la paix au milieu des armes.

Et moi, je répondis assez puérilement : il faut abandonner ces lieux, Langhe ; assurément les maux dont on entend parler frappent plus

---

5 Allitération *infausta et infesta Belgica.*

6 En grec *gèn pro gès*, Eschyle, *Prométhée*, 682.

7 Lettre de Cicéron à Curion, en 44, *Ep.* VII, 30, 1 citant *Pélops* d'Accius. Pélops est le fils de Tantale, l'ancêtre des Atrides qui donna son nom au Péloponnèse.

8 Jeu de mots : *fuga/effugium.*

9 Il apparaît bien ici que Langhe est un personnage socratique tandis que Lipse joue le rôle du jeune homme sérieux et imprudent qui dialogue avec le philosophe, tel le jeune homme du *Ménon.*

10 Aristophane, *Lysistrate*, 772-773 « Quand les hirondelles se réuniront ensemble pour fuir les huppes et s'abstiendront de tout commerce avec les mâles, alors finiront les maux, et Jupiter tonnant mettra dessus ce qui était dessous. »

11 Métagramme (changement d'une lettre d'un mot) : *firmandus formandusque.*

légèrement l'esprit que ceux qu'on voit ; plaçons-nous hors de portée de leurs traits, comme on dit, et de la poussière du champ de bataille. N'entends tu pas l'avertissement d'Homère :

Loin des traits, de peur qu'une blessure ne s'ajoute à une autre[12] *?*

CHAP. II
Le voyage ne guérit pas les maladies intérieures ; c'est un symptôme, non un remède, sauf peut-être dans le cas d'une première et légère émotion.

Langhe, secouant légèrement la tête : je t'entends ; je préférerais que tu entendes la voix de la Sagesse et de la Raison. Car ce qui t'enveloppe, ce sont des nuages et des brumes qui proviennent des fumées des opinions. Aussi dirais-je avec Diogène[13], tu as ici besoin non de corde[14] mais de raison, de ce rayon qui éclaire la ténèbre de ta tête. Voici que tu vas abandonner ta patrie ; mais réponds sérieusement : quand tu la fuiras, te fuiras-tu aussi toi-même ? Prends garde que ce ne soit l'inverse et que tu n'emportes avec toi dans ton cœur la source et l'aliment de ton mal. Comme les fiévreux s'agitent, se tournent sans repos et changent soudain de lit dans le vain espoir d'un soulagement, de même nous, l'esprit malade, qui changeons vainement de terre. C'est là découvrir la maladie, non l'ôter, c'est avouer et non guérir cette inflammation interne. Un sage romain[15] l'a dit avec élégance : *c'est le propre d'un malade de ne rien supporter longtemps et d'user du changement comme de remède. Ainsi l'on entreprend des voyages sans but et l'on erre le long des rivages ; et soit sur mer soit sur terre, toujours se manifeste cette légèreté ennemie du présent.* Vous fuyez les troubles plus que vous ne les évitez. Comme la biche de Virgile[16] :

---

12 Homère, *Iliade*, XIV, 130.

13 *Cf.* Diogène Laërce, « Il <Diogène le cynique> ne cessait de répéter que si l'on veut être équipé pour vivre, il faut de la raison ou une corde » *Vies des philosophes célèbres*, (désormais cité *Vies*) VI, 2, 24.

14 En grec : *brochô*, la corde pour se pendre.

15 Sénèque, *De la tranquillité de l'âme*, II, 12-13.

16 Virgile, *Énéide*, IV, 70-73.

… insouciante dans les forêts de Crète / Que le pâtre a frappée de loin de ses traits / fuit et court dans les forêts et les gorges de Dictè.

Mais en vain car, comme ajoute le poète,

La flèche mortelle est accrochée à son flanc.

De même vous, profondément blessés par ce trait passionnel, vous ne le faites pas tomber mais vous le transportez en voyage. Qui s'est cassé bras ou jambe ne réclame pas un char, à mon sens, mais un chirurgien. Quelle est donc ta folie de demander à guérir cette blessure intérieure par le mouvement et l'errance ? Assurément, c'est ton esprit qui est malade et toute cette faiblesse extérieure, ce désespoir, cette langueur, naissent d'une seule source, d'un esprit prostré et languissant. Sa partie principale[17] et divine a rejeté le sceptre et elle est tombée à un tel degré de bassesse qu'elle devient volontairement esclave de ses esclaves. Dis moi, que peut faire à cela le mouvement ou le lieu ? À moins qu'il n'y ait quelque endroit qui modère la crainte, refrène l'espoir, qui extirpe cette mauvaise sanie des vices dont nous nous sommes imbibés. Mais il n'y en a pas, même dans les îles des bienheureux ; ou s'il y en a une, montre la moi et nous y marcherons tous.

Mais, dis-tu, le mouvement et le changement ont cette force : ce spectacle quotidien de la nouveauté des mœurs, des hommes, des lieux, recrée et relève l'esprit abattu. Tu te trompes, Lipse ! Car, pour le dire sérieusement, je ne rejette pas le voyage au point de ne lui donner aucun pouvoir[18] sur l'homme et ses passions. Il en a bien mais juste assez pour supprimer de légers dégouts ou nausées de l'âme ; il ne supprime pas les maladies qui ont pénétré trop profondément pour qu'aucune médecine externe ne parvienne jusque là. Le chant, le vin, le sommeil guérissent souvent ces premières petites émotions de la colère, de la douleur, de l'amour, mais jamais une maladie qui s'est enracinée et établie profondément. C'est la même chose ici : le voyage guérira peut être quelques langueurs légères, il ne guérira pas les véritables. Ces premiers mouvements venus du corps sont encore accrochés au corps ou, si je puis dire, à l'épiderme de l'âme. Aussi n'est-ce pas étonnant s'ils sont balayés d'un léger coup d'éponge mais il n'en va pas de même de ces passions enracinées qui ont fixé leur siège, pire leur règne, dans l'entendement[19].

17 L'hégémonique, qui est pour les Stoïciens, la partie maîtresse et directrice de l'âme.

18 Au sens d'autorité, *jus* en latin.

19 *Mens animi* désigne sans doute l'hégémonique.

Quand tu auras beaucoup erré, quand tu auras parcouru toute terre et toute mer, tu ne les laveras dans aucune mer, tu ne les enseveliras dans aucune terre. Elles te suivront et, pour parler avec le poète[20], *le noir souci s'attachera à toi, à pied ou à cheval.*

Quelqu'un demandait à Socrate *pourquoi son voyage ne lui avait pas été profitable*, il lui répondit *parce que tu n'es pas quitté toi-même*[21]. Je dirais semblablement : où que tu fuies, tu auras avec toi ton esprit corrompu et corrupteur, qui n'est pas bon compagnon. Et s'il n'était que compagnon ! Mais je crains qu'il ne te soit guide car les passions ne te suivent pas mais t'entraînent.

CHAP. III

Voyager ne supprime ni ne diminue les vraies maladies de l'âme mais les ravive. Quand c'est l'esprit en nous qui est malade, il en faut chercher le remède dans la Sagesse et la Constance.

Le voyage, dis tu, ne détourne même pas des vrais maux ? La vue de ces champs, de ces fleuves, de ces montagnes ne t'arrache pas au sentiment de ta douleur ? Ils en détournent et l'arrachent peut être mais pas longtemps ni pour ton bien. Comme une peinture, même remarquable, ne ravit pas longtemps les yeux, de même toute cette variété d'hommes et de lieux nous charme par sa nouveauté mais pas pour longtemps. C'est une diversion de nos maux, non une fuite ; le voyage ne brise pas cette chaîne de douleur mais la détend. En quoi cela m'aide t-il de voir un tant soit peu la lumière, si je suis jeté aussitôt dans un cachot plus étroit ? Il en est assurément ainsi. Tous ces plaisirs externes tendent une embuche à l'âme, et sous couvert de l'aider, la blessent davantage. Comme des médicaments inefficaces

20 Horace, *Odes* III, 1, 40.

21 « Comme quelqu'un se plaignait à Socrate de n'avoir tiré aucun profit de ses voyages, le sage répondit : ce qui t'arrive est tout naturel, tu voyageais en ta propre compagnie ». Sénèque *Ep.* XVIII, 104, 7. Voir aussi III, 28, 1-2 « C'est d'âme qu'il te faut changer non de climat ».

ne font pas partir mais déplacent l'humeur nocive[22], de même cette délectation vaine irrite en nous et grossit ce flux de désirs. L'âme ne s'éloigne pas longtemps d'elle-même mais, comme malgré soi, rentre bientôt à la maison et dans la vieille compagnie[23] des maux. La vue même de ces cités et montagnes te reconduit en pensée dans ta patrie et, au milieu des joies, tu verras ou entendras quelque chose qui rouvrira le sentiment de la douleur. Si tu as un peu de repos, celui-ci sera bref et comme un songe et bientôt tu éprouveras la même fièvre ou pire. Ces désirs interrompus croissent et reprennent des forces dans l'intervalle.

Rejette donc, Lipse, ces moyens vains et mêmes nocifs : ce ne sont pas des remèdes mais des poisons ; accepte plutôt des moyens authentiques et sévères. Tu changes de soleil et de sol ? Change plutôt d'esprit, que tu as à tort aliéné aux passions et soustrait à la maîtrise légitime de la raison. Ton désespoir vient de sa corruption, ta langueur de son infection. C'est cet esprit qu'il faut changer, non le lieu, et faire en sorte que tu ne sois pas ailleurs mais autre[24].

Tu brûles maintenant de voir cette fertile Autriche, Vienne forte et fidèle, et le roi des fleuves, le Danube, et tant de choses nouvelles et étonnantes dont tes auditeurs boiront le récit, d'une oreille captive. Mais comme il serait préférable que la même impulsion et le même désir te poussent ici vers la Sagesse ! Si tu pénétrais dans ses campagnes fertiles, si tu recherchais les sources des troubles humains, si tu édifiais des remparts et des citadelles pour écarter les assauts des désirs et t'en défendre ? Ce sont là les vrais remèdes à ton mal ; tout le reste : compresse et baume. Ce départ ne t'aidera en rien ; pour rien,

D'avoir échappé à tant de villes / d'Argos, d'avoir pris la fuite au milieu des ennemis[25].

Tu retrouveras l'ennemi chez toi et dans ce lieu retiré (il me frappait la poitrine). À quoi bon aller vers ces lieux pacifiés ? Tu portes la guerre

22 La médecine distingue alors quatre humeurs : le phlegme, le sang, la bile jaune et la bile noire. L'altération d'une humeur produit une maladie spécifique comme la mélancolie pour l'excès de bile noire.

23 *Conturbernium* désigne proprement la tente partagée par des militaires, officier et soldats. Il arrivait aussi que le professeur prenne des élèves en pension chez lui, comme le fit Lipse (*cf. Autobiographie* lettre d'oct. 1600 à Woverius). Le terme insiste donc plus sur les habitants de la maison que sur le bâtiment.

24 Horace « caelum non animum mutant qui trans mare currunt » ; *Ep.* I, 11, 27 À Bullatius.

25 Virgile, *Énéide*, III, 282-283.

en toi ; vers un lieu tranquille ? Le trouble est autour de toi, pire en toi. Cet esprit déchiré combat et combattra toujours contre soi, dans la poursuite, la fuite, l'espoir, le désespoir. Comme ceux qui tournent le dos par peur, se retournant sans protection, s'exposent davantage au péril, ainsi font ces vagabonds et novices qui n'ont jamais combattu les passions mais ne connaissent que la fuite.

Mais toi, jeune homme, si tu m'écoutes, tu te tiendras debout et tu affermiras ton pas contre cet ennemi, la douleur. C'est de constance que tu as avant tout besoin et c'est en combattant, pas en fuyant, que l'on vainc.

CHAP. IV

Définition de la constance, de la patience, de la raison droite, de l'opinion. En quoi l'opiniâtreté diffère et s'écarte de la constance et le découragement de la patience.

Remis debout d'une certaine façon par les propos de Langhe, je lui dis : ces conseils sont élevés et remarquables et déjà je commence à me relever et à me tenir droit ; mais, comme souvent chez ceux qui travaillent en rêve, mon effort est vain. Effectivement, pour dire vrai, Langhe, je me retourne de temps en temps vers mon pays et les soucis publics et privés sont bien attachés à mon esprit. Si tu le peux, toi, chasse ces méchants oiseaux qui me déchiquètent et brise ces liens d'inquiétude qui me lient à ce Caucase[26].

Langhe, le visage souriant : eh bien, moi, je les briserai ; tel un nouvel Hercule, je délivrerai ce Prométhée. Écoute seulement et fais attention[27]. Je t'ai convié à la constance, Lipse, et j'ai posé en elle l'espoir et la garde de ton salut. C'est donc elle, qu'avant tout il nous faut connaître.

J'appelle ici *constance la force droite et inébranlable de l'esprit qui n'est ni exalté ni abattu par les choses extérieures et fortuites*[28]. J'ai dit force et

26 Le Caucase est dans la mythologie grecque la montagne où était attaché Prométhée, puni d'avoir donné le feu aux hommes, dont un aigle déchirait le foie, qui repoussait toujours. Prométhée fut délivré de son supplice par Hercule. Voir la *Théogonie* d'Hésiode.

27 Allitération *attende et intende.*

28 Lipse commence par définir la constance, ce que ne fait pas son modèle Sénèque qui, lui, part d'exemples de sages constants, tel Caton.

j'entends la fermeté intérieure à l'esprit qui ne vient pas de l'opinion mais du jugement et de la droite raison. Car je veux d'abord exclure l'obstination (mieux appelée opiniâtreté[29]) ; c'est la force d'un esprit obstiné mais produite par un souffle d'orgueil ou de gloire : elle n'est que partiellement force. Ces esprits enflés et obstinés ne peuvent guère être abattus mais sont facilement exaltés. Tout comme une outre gonflée d'air coule difficilement mais remonte et flotte spontanément, telle est la solidité boursouflée de ces gens-là ; elle provient, je l'ai dit, de l'orgueil et de la surestime de soi, donc de l'opinion.

Mais la véritable mère de la constance est la *patience* et l'humilité de l'esprit. Je la définis : *l'endurance volontaire et sans plainte de tous les accidents et incidents qui arrivent à l'homme de l'extérieur.* Elle regarde en haut la droite raison et c'est la seule racine où s'appuie la hauteur de ce magnifique chêne[30]. Mais prends garde à ce que, là aussi, l'opinion ne t'en impose : au lieu de la patience, elle suggère souvent le découragement et une certaine torpeur d'un esprit languissant, vice qui naît de la mésestime de soi. La vertu suit une voie médiane et elle prend bien garde à ce que rien ne soit insuffisant ou excessif dans ses actions. Elle se dirige à la balance de la seule raison et la tient pour la norme et la pierre de touche[31] de l'examen de soi.

La *droite raison* n'est rien d'autre que *le vrai jugement et sentiment sur les choses humaines et divines* (en tant qu'elles nous concernent). L'opinion lui est contraire, à savoir, sur ce sujet, un jugement futile et faux.

CHAP. V
Origine de la raison et de l'opinion, leur force et leurs effets. L'une conduit à la constance, l'autre à la légèreté.

Comme de ce double chef (l'opinion et la raison) naissent non seulement la force ou la faiblesse de l'esprit mais aussi toutes les louanges et les blâmes en cette vie, il me semble que je ferai quelque chose d'utile

29 Différence entre *pervicacia* et *pertinacia*. La première peut être bonne, pas la seconde.

30 *Robor* ou *robur* désigne à la fois le chêne ou le rouvre et par suite la dureté, la résistance. Lipse joue à la fois sur les deux sens de *radix*, la racine et de *robur*.

31 *Trutina*, la balance, *norma*, l'équerre et *obrussa*, le creuset, sont les instruments du maçon.

et de bon si je t'en dis un peu plus sur leur origine et leur nature. Tout comme la laine, avant de s'imbiber de son ultime et plus belle couleur, doit être préparée et imprégnée d'autres sucs, ainsi ton esprit, Lipse, de ces discours préalables avant d'être sérieusement teint de ce pourpre[32] de la constance.

Il ne t'a pas échappé qu'il y a en l'homme deux parties, l'âme et le corps ; la première plus noble renvoie au souffle et au feu, la seconde, plus vile, à la terre[33]. Elles sont jointes mais d'un accord discordant ; elles ne s'accordent pas facilement, chaque fois qu'il est question de commandement ou d'obéissance. Chacune veut gouverner, surtout celle qui ne le doit pas. La terre s'efforce de s'élever au dessus de son feu et d'élever sa fange au dessus du ciel. D'où en l'homme les troubles, les divisions et un combat incessant entre des parties qui se querellent. Leurs chefs et commandants sont la raison et l'opinion[34]. La première combat pour l'âme et en l'âme, la seconde pour le corps et en lui. La raison tire son origine du ciel, bien plus de Dieu ; Sénèque l'a magnifiquement célébrée : *une part du souffle divin infuse en l'homme*[35]. C'est la force suprême de comprendre et de juger et c'est la perfection de l'âme, comme l'âme est la perfection de l'homme. Les Grecs l'appellent « *nous* », les Latins *Mens*, pensée, et en liant les mots, pensée de l'esprit. Car la droite raison, ne t'y trompe pas, n'est pas l'âme toute entière, mais ce qui, en elle, est uniforme, simple, sans mélange, séparé de toute lie et ordure et, pour le dire en un mot, ce qu'il y a en elle d'astral et de céleste. Car quoique l'âme soit gravement corrompue et infectée par la chute du corps et la contagion des sens[36], elle retient pourtant en profondeur des vestiges de son origine et les restes de ce feu primitif et pur scintillent clairement en elle. De là ces piqures de conscience[37] chez des hommes méchants et vils, de là ces coups de fouet et ces morsures internes, de là cette approbation d'une vie meilleure qui leur échappe malgré eux. Cette partie plus saine et plus sainte peut bien être comprimée, elle

32 Le pourpre est la couleur noble par excellence.

33 Ceci renvoie à la distinction stoïcienne entre les éléments actifs (le feu et l'air, constitutifs de l'âme) et aux éléments passifs (eau et terre, constitutifs du reste du corps).

34 Raison et opinion semblent ainsi être rapportées respectivement à l'âme (ici *anima*) et au corps ; souffle traduit *spiritus*.

35 Sénèque, *Ep.* 66, 12.

36 Le discours de Langhe s'infléchit ici d'une tonalité stoïcienne à une tonalité platonicienne.

37 Les remords ou la syndérèse aristotélicienne.

ne peut être opprimée ; ce feu brûlant peut être couvert mais non pas éteint. Toujours jaillissent et s'élèvent des étincelles qui brillent en ces ténèbres, purifient ces souillures, dirigent dans ces détours et conduisent à la constance et à la vertu. Comme le tournesol et d'autres fleurs se tournent toujours naturellement vers le soleil, la raison se tourne vers Dieu, son origine. Ferme et immuable dans le bien, elle juge toujours de même, recherche et fuit les mêmes choses, elle est la fontaine et la source du droit conseil et du jugement droit. Lui obéir, c'est commander[38], lui être soumis, c'est diriger toutes choses humaines. Qui l'a écouté a dompté les désirs et les mouvements exubérants de l'esprit et qui suit ce fil d'Ariane[39] est à l'abri de l'erreur dans tous les labyrinthes de la vie. Dieu lui même vient à nous par son image ou plus exactement vient en nous. Il a fort bien parlé, celui qui a dit : *il n'est pas de pensée bonne sans Dieu*[40].

Mais la partie suivante et non saine (je veux dire l'opinion) doit son origine au corps, c'est-à-dire à la terre et, pour cette raison n'a de goût que pour elle. Bien que le corps soit, par soi, immobile et insensible, il tire vie et mouvement de son âme et, en retour, soumet les images des choses à l'âme par les fenêtres des sens. Ainsi y a t-il une sorte de communion et d'association intime entre l'âme et le corps mais cette communion n'est pas bonne pour l'âme si tu considères son résultat. Elle la tire insensiblement de sa hauteur ; elle la voue et la mélange aux sens ; de cette union impure naît en nous l'opinion qui n'est autre qu'une vaine image et ombre de la raison. L'opinion a son véritable siège dans les sens, son origine dans la terre. C'est pourquoi elle est abjecte et vile[41], elle ne se redresse pas, ne s'élève pas et ne regarde rien d'élevé ou de céleste. Elle est vaine, incertaine, fallacieuse, de mauvais conseil, de mauvais jugement et prive en premier lieu l'esprit de la Constance et de la Vérité. Ce qu'elle désire aujourd'hui, elle le méprise demain ; elle approuve puis condamne sans jugement mais en s'abandonnant et en accordant tout au corps et

38 Rappel de la formule de Sénèque *Deo parere libertas est*, obéir à Dieu, c'est cela la liberté.

39 Le latin dit « le fil de Thésée » ; allusion au fil suivi par Thésée pour sortir du labyrinthe du Minotaure. Ovide *Métamorphoses* 8, 169-176.

40 Sénèque « Tu t'étonnes qu'un homme ait accès chez les dieux ? Le dieu descend chez les hommes. Sans le dieu il n'est point d'âme saine *nulla sine deo mens bona est* » *Ep.* VIII, 73, 16 ; Lipse cite visiblement de mémoire puisqu'il écrit : « *bona mens sine deo nulla est* ».

41 Ce topos n'est pas stoïcien mais néoplatonicien. Pour les stoïciens, la terre est un élément passif mais non pas vil.

aux sens. Tout comme l'œil qui regarde à travers l'eau ou la nuée évalue mal, ainsi l'esprit qui regarde par le nuage de l'opinion. C'est elle, si tu regardes bien, la mère des maux pour l'homme, l'auteur en nous d'une vie confuse et perturbée. Si les soucis nous tourmentent, cela vient d'elle ; si les passions nous déchirent, c'est elle ; si les vices nous commandent, c'est elle. Comme ceux qui veulent supprimer la tyrannie de la cité commencent par enlever et abattre la citadelle, de même si nous nous avançons continûment et sérieusement vers une pensée qui soit bonne, il nous faut détruire cette forteresse des opinions. Sinon, nous serons ballotés, toujours en suspens, gémissants, troublés, injustes envers Dieu et envers les hommes. Comme un navire vide et sans équipage tourne en rond à tout vent sur la mer, ainsi en nous cette pensée vagabonde que la charge et le poids de la raison n'a pas stabilisée.

CHAP. VI
Éloge de la constance, sérieuse exhortation à l'acquérir.

La compagne de l'opinion comme tu vois, Lipse, c'est la légèreté ; son propre est de changer toujours et de se repentir ; la compagne de la raison, c'est la constance et je t'exhorte sérieusement à en revêtir ton esprit. Pourquoi s'éloigner vers des choses vaines et étrangères ? Voici la seule Hélène qui t'offrira à boire du vrai et légitime Népenthes[42] où réside l'oubli des soucis et des chagrins. Dès que tu l'auras bu et t'en seras imprégné, tu seras droit et altier contre tout accident, d'une seule tenue, sans descendre ou remonter comme une balance, tu revendiqueras pour toi cette grande chose si proche de Dieu : Ne pas être ému[43].

N'as tu point vu sur les devises et les boucliers[44] de certains rois d'aujourd'hui cette maxime sublime et enviable *sans espoir ni crainte*[45] ?

42 *Ne penthos*, en grec, négation de la tristesse, est une plante carnivore et désigne chez Homère (*Odyssée*, 219-221) la boisson que Paris donna à boire à Hélène pour lui faire oublier son pays natal.

43 Ne pas être ému ne signifie pas ne pas éprouver d'émotion mais être comme le dieu ou le sage, sans passion.

44 Métagramme en latin : *scitis et scutis*.

45 Nombreuses références à la Renaissance : le Caravage, Philippe II d'Espagne.

Elle te conviendra. C'est être vraiment roi, vraiment libre[46] que d'être soumis à Dieu seul, délivré du joug des passions et de la fortune. Comme certains fleuves, dit-on, conservent leur onde en traversant la mer, au milieu des tumultes qui t'entourent, tu n'emporteras aucune amertume de cet océan de tristesses. Tomberas-tu ? La constance te relèvera. Vacilleras-tu ? Elle te soutiendra. Te presseras-tu vers la noyade ou la pendaison ? Elle te consolera et te ramènera du seuil de la mort. Retire toi et redresse toi[47] seulement, navigue jusqu'à ce port[48] où habitent la paix et la sécurité, où sont le refuge et l'asile contre les troubles et les soucis. Une fois que tu te tiendras avec confiance dans ce port, que ta patrie soit non seulement troublée mais écroulée, tu resteras debout, inébranlable. Que les orages, la foudre, la tempête tombent autour de toi, tu t'écrieras d'une haute et authentique voix :

…, tranquille au milieu des flots[49].

CHAP. VII

Ce qui trouble la constance et combien de sortes.
Ce sont des biens et des maux externes.
Deux sortes de maux : publics et privés.
Les publics semblent plus graves et plus dangereux.

Lorsque Langhe eut ainsi parlé, d'un air et d'une voix plus âpres que de coutume, une étincelle de ce bon feu me saisit et je dis :

Mon père (et vraiment je ne le dis pas par flatterie), conduis moi où tu veux et enseigne moi, corrige moi, dirige moi. Tu as devant toi un malade prêt à toute médecine, que tu envisages le fer ou le feu[50].

---

46 Reprise des paradoxes du sage : seul le sage est roi, libre, prêtre, etc. *cf.* Cicéron *Paradoxes*.

47 Métagramme : *eripe et erige*.

48 Métaphore traditionnelle du port de la sagesse ; *cf.* Augustin.

49 Devise classique de la Renaissance, souvent associée à la précédente (*nec Spe nec metu*) ; devise du duc Jean Churchill, duc de Marlborough, et de Guillaume de Nassau.

50 Cela renvoie aux deux médecines radicales du monde antiques, *ure et seca*, l'amputation et la cautérisation au feu. On reprocha vivement à Lipse de les avoir préconisées en matière religieuse ce qui, pris à la lettre, signifierait la mort des hérétiques. Voir aussi Cicéron, *Off.* I, XXXVIII, § 136.

Langhe : J'emploierai les deux car d'un côté il faut brûler les pailles des vaines opinions et de l'autre, couper à la racine les tiges des passions. Mais allons-nous encore nous promener ? Ne vaudrait-il pas mieux maintenant s'asseoir confortablement ?

Asseyons nous, car je commence à avoir chaud et pour plus d'une raison.

Langhe ordonna d'apporter des sièges dans le vestibule et je m'assis à côté de lui ; se tournant vers moi, il poursuivit : jusqu'ici Lipse, j'ai établi les fondements sur lesquels édifier commodément et sûrement notre propos à venir. Maintenant, si tu permets, je m'approcherai davantage, je rechercherai les causes de ta douleur et, comme on dit, je toucherai du doigt ta plaie.

Deux ennemis assaillent en nous cette citadelle de constance : les faux biens et les faux maux. J'appelle ainsi ce qui est non pas en nous mais autour de nous et qui, à proprement parler, n'aide ni ne lèse cet homme intérieur qu'est l'esprit. C'est pourquoi je ne les dis pas « biens » ou « maux », ni dans les faits ni dans le concept. Je confesserai qu'ils relèvent de l'opinion au sens commun. Dans le premier groupe, on compte les richesses, les honneurs, la puissance, la santé, la longévité ; dans le second, la pauvreté, la mauvaise réputation, l'impuissance, la maladie, la mort et, pour tout embrasser d'un mot, tout ce qu'il y a encore de fortuit et d'extérieur. De ce double tronc naissent en nous quatre passions capitales qui contiennent et consument toute vie humaine : le désir et la joie, la crainte et la douleur[51]. Les deux premières concernent un bien d'opinion et en naissent, les secondes un mal. Elles lèsent et troublent l'esprit et, si tu n'y prends garde, le font chuter mais d'une façon différente. Car, alors que le repos et la constance de l'esprit sont comme une balance stable, ils lui font perdre l'équilibre, ceux là en le faisant monter, ceux ci en le faisant descendre.

Mais je passe sur les faux biens et l'exaltation (ce n'est pas là ta maladie) et j'en viens aux faux maux dont la troupe derechef est double : ils sont publics ou privés.

Je désigne et définis comme maux publics *ceux qui affectent plusieurs personnes en même temps ; privés, ceux qui touchent les individus*. Dans les premiers je recense la guerre, la peste, la famine, la tyrannie, les massacres et tout ce qui affecte de l'extérieur beaucoup de gens. Parmi les

51 C'est la liste des quatre *pathé* stoïciennes Diogène Laërce, *Vies*, VII, 116.

seconds, je range la douleur, la pauvreté, l'infamie, la mort et ce que nous envisageons comme mal domestique, chez un individu.

J'ai une bonne raison de les distinguer, car il est vrai que l'on pleure la chute de sa patrie, l'exil et la mort de beaucoup de gens, d'un autre sentiment que le malheur d'un seul. Ajoute que, de ces deux sortes de maux, naissent différentes maladies mais, si je ne me trompe, les premières sont plus graves et en tout cas plus durables. La plupart d'entre nous sont sujets aux maux publics : soit ils nous attaquent avec force et tumulte et écrasent celui qui résiste comme en bataille rangée. Soit, pire, ils nous flattent par ambition et, souvent, nous ne reconnaissons ni ne sentons la maladie qu'ils font naître en l'esprit. Alors que quiconque a succombé à une douleur privée avoue nécessairement sa faiblesse et son vice, même s'il ne s'amende pas (quelle défense a-t-il ?) ; mais, dans le premier cas, on avoue si peu le glissement et la chute[52] qu'on s'en vante et le prend à louange : on appelle cela piété et pitié et peu s'en faut qu'on ne consacre cette fièvre comme vertu ou, pire, comme divinité publique. Poètes et orateurs inculquent et célèbrent partout cet amour fervent de la patrie ; je ne le condamne pas entièrement mais je pense et décrète qu'il faut le modérer et le tempérer. Car c'est en vérité un vice, un état déréglé, une dégradation et une chute de l'esprit. Mais, d'un autre côté, c'est une maladie grave parce qu'elle ne comporte pas une seule douleur mais confusément la sienne et celle d'autrui. Et cette dernière, double, du fait des hommes ou de la patrie.

Ce que j'ai dit et divisé, te semble-t-il, avec trop de subtilité, tu le saisiras sur un exemple : Voici ta Flandre actuellement accablée par plus d'un malheur et environnée de toutes parts par le feu de la guerre civile. Tu vois partout les campagnes dévastées et pillées, les villes incendiées, rasées, les hommes prisonniers, massacrés, les femmes mariées violées, les vierges déshonorées, et tous les malheurs qui se plaisent à accompagner la guerre. N'est-ce pas là pour toi une douleur ? Douleur certes mais, si tu regardes bien, diverse et divisée parce que, en même temps, tu pleures sur toi-même, sur tes concitoyens et sur ta patrie. Pour toi les dommages, pour tes concitoyens les accidents et la mort[53], pour ta patrie le renversement et la destruction de son état[54]. Ici tu peux t'écrier *que je suis malheureux*, et là

52 Allitération *labe aut lapsu.*

53 *Casus et occasus.*

54 *Conversio et eversio.* État traduit *status.*

Tant de mes concitoyens / allant au devant de la peste envoyée par une main ennemie[55] ...

Ailleurs enfin *o Père, o Patrie*[56] ! Pour qu'un homme n'en soit pas troublé et que soient sans effet sur lui le coin et la masse de tant de maux qui lui fondent dessus, il faut qu'il soit bien sec et sage[57] ou bien dur.

CHAP. VIII

Il faut combattre les maux publics mais avant tout réprimer trois affects qui suscitent un faux semblant flatteur ; ce qui fait que les hommes pleurent leurs malheurs propres comme si c'étaient des malheurs publics.

Alors Lipse ? Est-ce que je semble m'écarter du droit de ma constance et plaider la cause de ta douleur ? J'ai fait comme les généraux confiants et fiers : j'ai fait sortir sur le champ de bataille et disposé toutes tes troupes contre lesquelles je vais maintenant me battre activement, d'abord dans une escarmouche, puis en combat ouvert, enseignes déployées. Dans la première escarmouche, au premier choc (pour parler avec les Anciens), il me faut écraser trois affects tout à fait hostiles à notre constance : l'affectation, la piété, la pitié.

La première tout d'abord. Tu dis ne pouvoir supporter les maux publics, qu'ils te font souffrir et même mourir. L'affirmes tu vraiment sérieusement ? N'y a t-il pas là quelque déguisement et tromperie ?

Moi, fort ému : me demandes-tu cela sérieusement ? Ou est-ce moquerie et provocation ?

Sérieusement. Beaucoup, d'entre vous, invalides, en imposent aux médecins et simulent une douleur publique qui, en réalité, est privée. Je te demande donc : es tu bien sur que ce souci,

Qui maintenant te ronge et se tourne fixement dans ta poitrine[58],

tu le portes pour ta patrie ou bien pour toi ?

---

55 Citation approximative de Cicéron, *Tusc.*, II, XVI, § 38 qui cite Homère, *Iliade* quand Euryple appelle Patrocle à son secours.

56 Andromaque captive d'Ennius, cité par Cicéron, *Tusc.*, III, XIX, 44 dans le mot de patrie résonne le mot père.

57 Pour les Stoïciens la sagesse se manifeste par la non humidité de l'âme.

58 Ennius, *Annales*, 336 cité par Cicéron, *de senectute, de la vieillesse*, I, 1.

En doutes tu ? Je le répète, Langhe, il s'agit de la cause de ma patrie, du deuil de ma patrie.

Lui, secouant la tête : jeune homme, regarde encore et encore. S'il y a en toi cette piété extrême et sincère, j'en serai étonné car elle est rare. Que les hommes se plaignent souvent au sujet de maux publics, je l'avoue. Il n'y a pas de douleur si commune qui soit, pour ainsi dire, mieux gravée sur le front, mais, si on y regarde de plus près, on trouvera généralement un désaccord de la langue et du cœur. Ces mots : *la chute de ma patrie m'émeut*, sont affectés mais ils ne sont pas vrais. Ils viennent des lèvres, pas du cœur. On raconte du grand acteur Polus que, jouant à Athènes une pièce dans laquelle il fallait représenter la douleur, il y fit apporter l'urne funéraire de son fils défunt et remplit le théâtre de ses gémissements et de ses larmes[59]. J'en dirais de même de la plupart des vôtres. Vous jouez la comédie, braves gens, et sous le masque de la patrie, vous pleurez vos malheurs privés avec de vraies larmes pleines de soupirs. Le monde entier joue la comédie, dit Pétrone[60].

Assurément, c'est le cas ici. Cette guerre civile, disent-ils, le flot du sang des innocents répandu et la destruction de la liberté et des lois nous crucifient. Vraiment ? Je vois bien votre douleur, j'en cherche la cause et j'hésite. Pourquoi ? Parce que les affaires publiques vont mal ? Comédien, bas le masque ! Ce sont les tiennes qui vont mal. Nous voyons souvent les paysans trembler et accourir, faire des vœux lorsqu'un orage subit ou

---

59 Aulu Gelle, *Nuits attiques*, VII, 5 : « Il y avait en Grèce un acteur qui surpassait tous ses rivaux par la pureté de la voix et la grâce des gestes ; il se nommait Polus. Il jouait les chefs-d'œuvre tragiques avec un art et une habileté profonde. Ce Polus perdit un fils qu'il aimait tendrement. Lorsqu'il crut avoir assez longtemps porté le deuil, il reprit sa profession. Dans l'*Électre* de Sophocle, qu'il jouait alors devant les Athéniens, il devait porter l'urne qui est supposée renfermer les cendres d'Oreste. Dans cette pièce, Électre, croyant avoir dans les mains les restes de son frère assassiné, gémit sur son trépas et s'abandonne à tous les transports de sa douleur. Polus parut donc, couvert des vêtements lugubres d'Électre, et tenant, au lieu des prétendues cendres d'Oreste, l'urne qui renfermait les ossements de son propre fils qu'il avait enlevée du tombeau. En les pressant sur son cœur, il remplit tout le théâtre non de cris simulés, mais d'un deuil réel et de lamentations déchirantes. Ainsi, quand on croyait que l'acteur jouait son rôle, c'est sa propre douleur qu'il représentait ».

60 Pétrone, *cf. Satyricon*, 80, Jean de Salisbery, *Polycraticus*, III, 8 ; repris par Montaigne en *Essais*, III, 10, 1011 : « La plupart de nos vacations sont farcesques. *Mundus universus exercet histrionam.* Il faut jouer dûment notre rôle, mais comme rôle d'un personnage emprunté ». Shakespeare l'avait écrit sur le fronton de son théâtre. Pétrone fut qualifié d'arbitre des élégances par Tacite (*Annales*, XVI, 18) d'où le surnom d'*arbiter* par lequel Lipse le désigne ici.

une tempête est tombée sur eux. Mais lorsque cela s'est calmé, appelle les et examine les : tu trouveras que chacun a craint pour sa moisson et son petit champ. On crie au feu dans cette ville et tous, jusqu'aux boiteux et aux aveugles, courent l'éteindre ; qu'en penses tu ? Par amour de la patrie ? Demande-leur car le dommage concerne les individus et leur crainte aussi. Il en va de même ici : les maux publics émeuvent et troublent généralement les hommes, non parce que ce dommage concerne beaucoup de gens mais parce qu'ils font partie du nombre de gens concernés.

CHAP. IX
L'affectation[61] *se voit plus clairement sur des exemples. Un mot au passage sur la Patrie et sur la méchanceté des hommes qui se réjouissent des malheurs d'autrui quand eux-mêmes y échappent.*

Plaidons cette cause dans ce tribunal et devant toi comme juge, mais comme autrefois, le voile levé. Ainsi, tu crains cette guerre, mais pourquoi ? Parce que la destruction et la ruine y sont jointes ? Cette ruine, qui touche-t-elle ? Pour le moment, d'autres que toi ; mais elle pourrait t'atteindre. Voilà l'essentiel de ta douleur (si tu avoues la vérité sans être soumis à la torture), voilà sa source ! Lorsque la foudre est tombée sur quelqu'un, même les voisins ont tremblé ; de même, dans ces pertes grandes et communes, le dommage atteint un petit nombre et la crainte les atteint tous. Si tu la supprimes, tu supprimes en même temps cette douleur. S'il y a une guerre chez les Éthiopiens ou les Indiens, cela ne t'émeut pas car tu es loin du danger ; si c'est en Flandre, tu pleures, tu cries, tu te frappes le front et la cuisse. Mais si tu déplores les malheurs publics pour eux-mêmes, qu'est-ce que ça fait ?

Mais ce n'est pas ma patrie, dis tu. Insensé, ces hommes ne sont-ils pas de la même étoffe et souche que toi ? Sous la même voûte du ciel ? Sur le même globe terrestre ? Ce petit espace que ces montagnes enserrent, que ces fleuves entourent, c'est cela que tu estimes ta patrie ? Tu te trompes. La patrie est l'ensemble du globe, partout où des hommes naissent de la semence céleste. On demanda jadis à Socrate *de quel pays*

61 En latin *simulatio.*

es tu ? Il répondit superbement : *du Monde*[62]. Un esprit grand et élevé ne s'enserre pas dans ces limites de l'opinion mais, par la pensée et le sentiment, il embrasse l'univers tout entier comme sien. Nous avons vu – et nous en avons ri – ces fous que leur maître et gardien attachait par un brin de paille ou un fil ténu et qui se tenaient là comme enchaînés par du fer ou une chaîne aux pieds. Semblable est notre folie de nous attacher à une partie déterminée de la terre par le lien futile de l'opinion.

Mais, pour omettre quelque chose de plus solide, car je crains que tu ne puisses le digérer, j'ajouterai ceci : si un dieu te garantissait que, pendant toute cette guerre, tes champs seraient intacts, ta maison et ta fortune sauves, et s'il te plaçait sur une montagne, enveloppé dans la nuée homérique[63], est-ce que tu te plaindrais encore ? De toi je n'oserais pas l'affirmer mais plus d'un se réjouirait et nourrirait avidement ses yeux de cette jonchée de mourants[64]. Pourquoi le nier ou t'en étonner ? Il y a je ne sais quelle méchanceté inhérente à l'esprit humain qui fait, comme dit l'ancien poète, qu'*on se réjouit du malheur d'autrui*[65]. Les soucis d'autrui, quand nous sommes en sûreté, sont comme ces fruits amers, au goût suave. Place moi quelqu'un sur le rivage de l'océan, à regarder un naufrage[66], il sera sûrement affecté, mais non sans quelque agréable morsure de l'esprit parce qu'il voit les périls d'autrui, pas les siens ; mais mets le dans ce navire agité, il souffrira d'une autre douleur. Il en va de même dans tout ce que nous faisons et disons, à savoir : nous pleurons véritablement du fond du cœur nos propres malheurs et, en paroles et par habitude, la cause des malheurs publics. Pindare a admirablement dit : *il en va de nous tous pareillement : nous ressentons notre propre infortune mais aussitôt nous oublions le malheur d'autrui*[67]. Aussi, Lipse, enlève ce rideau de scène[68], écarte toute affectation et montre toi à nous avec le vrai voile de ta propre douleur.

---

62 Cicéron, *Tusc.*, V, XXXVII, 108 qui ajoute « car il pensait être citoyen et habitant du monde entier ».

63 Chez Homère les dieux interviennent dans les affaires humaines et peuvent entourer d'un nuage celui qu'ils veulent protéger.

64 Situation typique du spectateur de tragédie.

65 Horace, *Satires*, II, 3, 72 *malis ridentem alienis.*

66 Allusion au *suave mari magno* de Lucrèce. *De la nature*, II, 1. L'image est devenue un topos littéraire.

67 Pindare, *Odes néméennes*, I, 52-54.

68 J'ai condensé deux termes, *siparium* et *aulaeum*. Le *siparium* est un petit rideau manœuvré entre les scènes, *aulaeum* est le grand rideau qu'on tire à la fin de la pièce.

CHAP. X
Plainte sur la libre réprimande de Langhe,
mais c'est là, il faut le dire, la tâche des philosophes.
Effort pour réfuter ce qui précède.
Obligation et amour envers la patrie.

Cette première escarmouche me parut vive et je l'interpellai : quelle liberté ou plutôt quelle vivacité de langage ! Est-ce ainsi que tu piques, que tu combats ? C'est à bon droit que je te repousserai avec Euripide :

N'ajoute pas une nouvelle douleur à ma douleur / c'est assez de mes chagrins[69].

Langhe, souriant : Attends-tu de moi des friandises ou du vin doux ? Il y a peu, tu me réclamais le fer et le feu[70]. À juste titre. Tu n'écoutes pas un flûtiste, Lipse, mais un philosophe, à qui tu as demandé de t'enseigner[71], pas de te séduire, de t'être utile et pas de te faire plaisir. Je te préfère honteux et rougissant plutôt que rieur, repentant plutôt que fier. *Hommes* disait jadis <Musonius> Rufus[72], *l'école du philosophe est un cabinet de médecin* où l'on va chercher la santé, pas le plaisir. Ce médecin ne caresse pas, ne flatte pas mais il enfonce, pique, rase[73] et, par l'acre sel de ses propos, balaie les souillures des esprits. Aussi, à l'avenir, Lipse, n'escompte pas des roses, du jasmin ou du pavot, mais des épines, des pointes, de l'absinthe et du vinaigre.

Moi derechef : mais enfin, Langhe, si tu permets, tu me traites mal et méchamment. Tu ne m'as pas fait tomber, tel un bon lutteur, par une étreinte légitime mais tu me fais un croc en jambe avec des arguties. C'est par affectation, dis-tu, que nous pleurons notre patrie, pas par patriotisme. Moi ? C'est faux. Car pour t'accorder cela (je te parle avec franchise), il y a bien là quelque chose qui me concerne,

---

69 Euripide, *Alceste*, 1067-1068. Chez Euripide c'est Admète qui parle et pleure sa femme, Alceste, à qui il a permis de mourir à sa place.

70 Les instruments du médecin ; voir chap. VII.

71 Musonius Rufus philosophe stoïcien, fragment XLIX « Ce n'est plus un philosophe qui parle mais un joueur de flûte qui se fait entendre ».

72 Épictète, *Entretiens*, III, 23, § 30 après avoir cité Musonius « Une école philosophique, hommes, est un cabinet de médecin. Et, en sortant, ce n'est pas du plaisir, c'est de la douleur qu'il faut éprouver ».

73 Description typique de médecine invasive.

mais pas seulement. Je pleure ma patrie d'abord, Langhe, je la pleure et la pleurerai, même s'il n'y avait aucun péril pour moi dans son péril. À bon droit, car c'est elle qui m'a recueilli, réchauffé, nourri ; selon le consentement des peuples, c'est le parent le plus ancien et le plus saint. Mais toi, tu me donnes l'univers entier pour patrie. Qui refuserait ? Mais reconnais aussi qu'outre cette grande et commune patrie, j'en ai une plus déterminée et particulière à laquelle je suis davantage lié par le lien secret de nature. À moins que tu ne penses qu'il n'y a aucune force d'attraction et d'attachement dans le sol natal que nous avons en premier touché de notre corps, foulé de nos pieds, dont nous avons respiré l'air, qui a connu nos vagissements de bébé, nos jeux d'enfant, nos exercices et notre éducation de jeune homme. Où sont familiers à nos yeux un ciel, des fleuves, des champs ; où se trouve une longue liste de connaissances, d'amis, de compagnons ; et tant d'attraits joyeux que je chercherais en vain ailleurs sur terre. Ce n'est pas, comme tu veux le prétendre, le fil ténu de l'opinion mais les chaînes fermes de la nature[74]. Tourne toi vers les animaux : les bêtes sauvages aiment et reconnaissent leur tanière ; les oiseaux, leur nid ; les poissons eux-mêmes dans ce grand océan sans limites, préfèrent jouir d'une partie précise. Et que dire des hommes ? Civilisés comme barbares sont attachés à leur glèbe natale au point de ne pas hésiter à mourir pour elle et en elle. C'est pourquoi, Langhe, cette sagesse nouvelle et austère qui est la tienne, je ne peux la suivre ni l'accepter ; je suivrai plutôt Euripide qui affirme avec vérité :

La nécessité commande à chacun d'aimer sa patrie[75].

74 Reprise de l'image du chap. IX.

75 Euripide, *Phéniciennes*, 358-359.

CHAP. XI
Réfutation du second affect, un amour excessif pour la patrie, qu'on appelle à tort piété, comme on le montre. Origine de cet affect et ce qu'est proprement et véritablement la patrie.

Langhe, souriant : jeune homme, ta piété est étonnante et déjà, à mon sens, met en danger le surnom du parent de Marc Aurèle[76]. Mais cela me va, bien que cet affect prenne les devants et passe devant les enseignes alors que j'avais décidé de l'attaquer et de le renverser d'une lance légère. Je le dépouille d'abord d'un vêtement magnifique dont il s'orne à tort. On appelle d'ordinaire piété cet amour de la patrie, ce que, je l'avoue, je ne comprends ni n'accepte. D'où vient cette piété, que je sais être une vertu éminente ? Elle consiste proprement en *un honneur et un amour légitimes et obligatoires envers Dieu et nos parents.* De quel front la patrie s'insinue-t-elle entre eux ?

Parce que, dira-t-on, c'est un parent très ancien et très saint.

Insensés ! Vous faites tort à la raison et à la nature elle-même. La patrie, un parent ? Pourquoi et comment ? Je ne vois rien de tel ici. Si tu as le regard plus aigu, Lipse, éclaire mes ténèbres. Parce qu'elle nous a recueillis, comme tu semblais le dire tout à l'heure ? Mais c'est le cas souvent d'un hôte ou d'un aubergiste. Parce qu'elle nous a bercés ? Pas aussi tendrement que jadis la nourrice ou la bonne. Nourris ? Mais les troupeaux, les arbres, les moissons le font chaque jour et, entre ces grands corps auxquels on n'attribue aucun rôle, la terre, le ciel, l'air et l'eau. Change de lieu enfin et n'importe quel pays fera de même. Ce sont là des termes mous et flottants dont tu ne tireras rien d'autre que quelque suc d'opinion, plébéien et inutile. Seuls sont nos parents ceux qui nous ont engendrés, formés, portés ; notre semence est leur semence, notre sang leur sang, notre chair leur chair. Si, là dedans, quelque chose convient à la patrie, ou par comparaison, je ne le dénie pas et je combats cette piété d'un trait impuissant.

Mais des hommes savants, de grands hommes, ont partout parlé de la sorte.

---

76 Antonin le pieux auquel succéda Marc (Antoine) Aurèle, le philosophe stoïcien. *Pius*, en contexte romain, désigne l'amour pour sa patrie et non pas une piété religieuse.

Je le reconnais mais pour la réputation et non pas la vérité. Si tu poursuis la vérité, tu réserveras ce nom sacré et auguste à Dieu et, si tu veux, à tes parents. Quant à cet affect, même corrigé, tu t'engageras à te satisfaire du titre honnête de charité. Mais assez sur le nom ; regardons plutôt la chose ; je ne la supprime pas totalement mais la tempère et la circonscris avec le scalpel de la droite raison. Comme la vigne non taillée s'étale largement, ici surtout, c'est le cas de ces affects quand ils sont favorisés par un souffle d'approbation populaire.

Mais je l'avoue volontiers, Lipse (car je ne me suis pas dépouillé de l'homme et du citoyen), il y a bien en nous quelque inclination et amour pour cette petite patrie. Mais tu ne sembles pas en connaître clairement les causes et l'origine. Tu veux qu'elles proviennent de la nature mais, en vérité, elles viennent d'un certain amour et de la coutume. Après avoir quitté une vie sauvage et solitaire, les hommes ont été poussés des champs vers les villes ; ils ont commencé à construire des maisons et des remparts ; à faire des assemblées et, généralement, à attaquer ou à se défendre. Une certaine communion est nécessairement née entre eux et le partage de diverses choses ; ils ont eu ensemble un territoire et des limites, en commun un temple, une place publique, un trésor, un tribunal et, comme lien principal, des cérémonies, des droits, des lois. L'avarice qui nous est naturelle commença (et c'est fort bien) à se soucier et à aimer ces choses-là comme siennes. Il est vrai que chaque citoyen a un droit sur elles et la seule différence avec les possessions privées est que ce n'est pas la propriété d'un seul homme. Mais cette communauté a pris la forme et le visage d'un nouvel état que nous appelons République et proprement patrie. Après avoir compris son importance pour le salut de chacun, les hommes firent des lois pour la servir et combattre pour elle ou, du moins, reçurent des lois d'une tradition héritée des Anciens. Cela fait que nous nous réjouissons de ses biens et nous affligeons de ses maux parce que, quand elle est sauve, nos richesses privées sont sauves, et elles sont mortes quand elle meurt. De là cet amour ou cette charité envers elle que, pour le bien public (où nous entraine une providence cachée de Dieu), nos ancêtres ont magnifiée en construisant la majesté de la patrie en actes et en paroles. Je pense que cet affect nait de la coutume car, s'il venait de la nature comme tu le prétends, pourquoi ne serait-il pas également réparti en tous et avec la même mesure ? Pourquoi les nobles et les riches aiment-ils davantage la patrie et s'en soucient-ils plus que les plébéiens et les pauvres, tout occupés à leurs propres affaires, négligeant les affaires publiques ? Il est certain qu'il en va autrement dans tout affect qui découle d'un commandement puissant de la nature.

Enfin, quelle raison apportes tu pour expliquer qu'une cause si légère l'a souvent diminué ou supprimé ? Pour l'un, c'est la colère, pour un autre l'amour, pour d'autres l'ambition qui leur a fait quitter leur patrie. Et aujourd'hui pour combien, le dieu de la Finance[77] ? Combien d'Italiens, ayant abandonné l'Italie, reine des contrées, se sont établis en France, en Allemagne, et même en Pologne[78], juste pour faire fortune ? Combien de milliers d'Espagnols l'avarice ou l'ambition entrainent-elles en des terres éloignées, sous un autre soleil[79] ? Par Hercule, c'est là un grand et valide argument pour montrer que ce lien, que n'importe quel désir dissout et rompt si fortuitement, est tout extérieur et d'opinion.

Mais tu erres grandement, Lipse, dans la façon de circonscrire la patrie. Tu la restreins au sol natal que nous foulons et où nous marchons, et autres arguments que tu fais tinter à mes oreilles dans un cliquetis de mots vides car c'est en vain que tu veux y rechercher les raisons intérieures de cet amour. Car si c'était seulement le lieu de naissance, ma patrie serait seulement Bruxelles, la tienne Isque, pour un autre une cabane ou une hutte et, pour beaucoup, même pas une cabane mais la forêt et un champ nu. Mon amour et mon souci devraient donc s'enfermer dans ces étroites limites ? C'est seulement cette métairie ou cette maison que j'embrasserais et défendrais comme ma patrie ? Tu vois l'absurdité et combien heureux, selon ta définition, les hommes des forêts et des champs dont la terre natale est toujours florissante et ne risque quasiment pas de défaite ou de mort. Mais ce n'est assurément pas cela la patrie, certes non, mais comme je l'ai dit *un état unique et commun, comme un navire, sous un seul roi et une seule loi.* Si tu veux que les citoyens aiment cette patrie à bon droit, je l'accorderai, qu'ils la défendent, je le reconnaitrai, qu'ils risquent la mort pour elle, je le permettrai, mais pas qu'on se plaigne, qu'on se laisse abattre et qu'on se lamente.

Il est doux et glorieux de mourir pour sa patrie

---

77 *Lucrius*, forgé par Lipse sur *lucrum* le gain. On peut ici penser à Mammon.

78 *Sarmatia* en latin recouvre les territoires de Pologne et de Russie. Le traducteur français de 1597 que nous suivons ici traduit par Pologne.

79 Allusion à la conquête espagnole de l'Amérique du Sud.

Comme a dit le poète de Vénouse[80], aux applaudissements de la galerie. Mais il a dit mourir et non pas pleurer. Car nous devons être de bons citoyens tout en étant d'honnêtes gens, ce que nous ne sommes plus lorsque nous nous mettons à pleurer et nous lamenter comme des femmes et des enfants.

Enfin, Lipse, je te révèle un important secret : si tu regardes bien l'homme tout entier, tu verras que toutes ces patries sont vaines et fausses et que peut-être, on peut attribuer une patrie au corps mais aucune à l'esprit qui, tombé de son domicile céleste, a toute cette terre comme cachot et prison[81]. Le ciel est la vraie et authentique patrie vers laquelle nous aspirons afin de pouvoir répondre, comme Anaxagore[82], à ce vulgaire insensé qui demande : « *tu ne te soucies donc pas de ta patrie ? Ma patrie à moi elle est là* » en montrant du doigt et de la pensée le ciel.

CHAP. XII

Troisième affect à tempérer : la pitié, qui est un défaut. On la distingue, pour plus de clarté, de la miséricorde. Comment et jusqu'à quel point en user.

Langhe ayant par ce discours dissipé, me sembla t-il, un nuage de mon esprit, je lui dis : tu m'aides grandement, mon vieil ami, en m'exhortant et en m'enseignant ; il me semble que je peux désormais tempérer cet affect qui concerne le sol et l'État mais pas celui qui concerne les hommes eux-mêmes. Comment les dommages de ma patrie ne me toucheraient pas et ne m'angoisseraient-ils pas, à cause de mes concitoyens et compatriotes, ballotés dans cet océan de malheurs, qui meurent de façon diverse et misérable.

---

80 Venusia, ville d'Apulie en Italie méridionale, patrie d'Horace. Citation des *Odes*, III, 2, 13.

81 Allusion au thème platonicien de la chute de l'âme dans le corps *cf.* Platon *Phédon*.

82 Diogène Laërce, *Vies*, II, § 7. « À celui qui lui disait : "N'as tu aucun souci de ta patrie ?" il répondit : "Tais toi ! Car moi de ma patrie, j'ai souci et grandement" et il montrait le ciel ».

Langhe continua : ici Lipse ce n'est pas de la douleur à proprement parler, mais de la pitié, que l'homme constant et sage doit cependant repousser. Car rien ne lui convient mieux que la fermeté et la force de l'esprit qui ne peuvent être s'il se laisse angoisser et abattre non seulement par son propre chagrin mais par celui d'un autre.

Je l'interrompis : quelles sont ces subtilités stoïciennes ? Tu m'interdis d'avoir pitié ? Mais cette vertu existe chez les hommes bons et assurément chez nous qui sommes imprégnés de vraie religion et de piété.

Langhe fermement : oui, moi je l'interdis et, si j'arrache cette maladie des esprits, aucun homme bon n'en sera sérieusement malade. Car c'est vraiment une maladie : il n'est pas loin de la peine, celui qui prend pitié[83]. C'est la marque d'un œil faible et malade que de loucher à la vue de qui louche. De même, pour l'esprit, de s'affliger à la vue d'un affligé. On définit correctement la pitié comme *le défaut d'un esprit petit et bas qui se laisse aller à la vue du malheur d'autrui*. Quoi donc ? Sommes-nous si durs et insensibles, nous qui refusons de nous incliner et de fléchir devant la douleur d'autrui ? Je veux bien que l'on fléchisse, mais pour venir en aide, pas pour nous affliger.

Je t'accorde la miséricorde, pas la pitié. Il convient maintenant de les distinguer et de nous éloigner un petit peu de notre portique[84], pour raison d'enseignement. J'appelle miséricorde *l'inclination de l'esprit à soulager la disette ou le chagrin d'autrui*. C'est cette vertu, Lipse, que tu vois confusément et à la place de laquelle la pitié se glisse et s'impose. Certes, il est humain de s'affliger et de compatir. Soit. Mais ce n'est pas correct. Penses-tu qu'il y ait de la vertu dans la mollesse et l'abjection de l'esprit ? À gémir ? À soupirer ? À mêler des propos hachés et balbutiants aux pleurs d'autrui ? Tu te trompes. Sinon, je peux te donner quelques vieilles avares et des Euclions[85] fort chiches : tu tireras de leurs yeux mille larmes plutôt qu'un seul sou de leur bourse.

Par contre l'homme véritablement miséricordieux ne se lamentera pas mais il en fera autant ou plus pour le miséreux. Il regardera les

---

83 Jeu de mot *miseria/mirerari*.

84 Le portique (*stoa* en grec) désignait dans l'antiquité la doctrine des stoïciens, par métonymie avec le lieu où se tenait l'école.

85 Euclion est une figure d'avare dans *Aulularia* (*La marmite*) de Plaute, dont s'inspire *l'Avare* de Molière.

malheurs d'autrui avec des yeux humains mais droits : il s'adressera à lui avec un visage attentif mais pas lugubre ni abattu ; il consolera avec force ; il aidera libéralement et sera plus bienveillant en actes qu'en discours ; à l'homme en détresse ou tombé, il tendra la main plutôt que des paroles. Mais il offrira tout cela avec prudence et circonspection pour éviter que, comme dans un mal contagieux, la maladie d'autrui ne passe en lui ou bien, comme on dit des gladiateurs, pour n'être pas blessé par le flanc d'un autre. Qu'y a-t-il ici, s'il te plaît, de rigide, de dur ? Toute sagesse est telle : à qui la regarde de loin, elle apparaît sévère et sombre ; quand on s'approche de plus près, on la trouve douce et clémente, aussi tendre et amicale que la déesse des amours.

Cela suffit pour ces trois affects ; si j'ai pu t'en purger en partie, c'est très important pour le combat qu'il me reste à livrer.

CHAP. XIII[86]

Ces obstacles levés, on en vient sérieusement aux moyens de supprimer ou de soulager ces malheurs publics. Je dois les combattre et les vaincre par quatre arguments principaux. En premier lieu, je traite de la Providence : preuve qu'elle existe et préside aux affaires humaines.

Après cette escarmouche, j'en viens enfin à la bataille sérieuse et véritable ; je me passe de la légère lance de parade et je prends les armes décisives. Je ferai avancer, en ordre et sous leur drapeau, tous mes soldats et mes troupes et j'en formerai quatre bataillons[87]. Avec le premier, je combattrai pour établir que ces malheurs publics sont envoyés et déployés par Dieu ; avec le second, qu'ils sont nécessaires et proviennent du destin ; avec le troisième, qu'ils nous sont utiles ; avec le dernier, qu'ils ne sont ni nouveaux ni trop lourds. Si ces troupes combattent et repoussent correctement l'ennemi à

---

86 Les chapitres XIII à XXII ont fait l'objet d'une première traduction de ma part dans *Juste Lipse la restauration du stoïcisme*, Paris, Vrin, 1994, p. 125-159. Cette traduction a été entièrement revue ici.

87 On peut penser ici à un pastiche du *tétrapharmakon* d'Épicure.

leur poste, l'armée de ta douleur osera-t-elle encore me résister ou me tenir tête ? Elle n'osera pas. J'ai vaincu. Après ce présage, qu'on sonne la charge !

Toutes les passions, Lipse, qui de partout fondent sur la vie humaine et la troublent, viennent d'un esprit insensé : et particulièrement, à mon sens, la douleur relative à la République. Alors que les autres ont une fin déterminée et un but : pour l'amant : jouir, pour le coléreux : se venger, pour l'avare : acquérir, et ainsi des autres, dans ce cas seul, tu ne trouveras pas d'autre dessein que lui-même. Pour que mon propos ne soit pas trop lâche et décousu mais que, tirant la bride, je demeure dans cette volte, je te demande : tu pleures, dis-tu, la ruine de ta patrie, mais à quelle fin ? Qu'espères-tu ou qu'attends-tu par là ? Empêcher sa chute ? La soutenir, trébuchante ? Ou écarter par ta plainte la ruine et la destruction imminente de ta patrie ? Rien de tout cela ; seulement pouvoir dire ce mot rebattu : je m'afflige. Tout ce chagrin est ici inutile et vain, car il s'agit du passé : revenir en arrière et empêcher que cela ait eu lieu, ce n'est au pouvoir de personne, pas même des dieux[88]. Vain seulement ? Bien plus, impie, si tu le pèses à la juste balance du jugement.

Car il ne t'a pas échappé qu'il existe une pensée[89] éternelle que nous appelons Dieu : qui règle, gouverne et dispose les sphères pérennes des cieux, la course errante des astres, les successions alternées des éléments, toutes choses d'en haut et d'en bas enfin. Penses-tu que le hasard ou la fortune dominent dans ce superbe corps du monde ? Que les affaires humaines sont emportées et mêlées par un élan aveugle et fortuit[90] ? Je le sais, tu ne le penses pas. Pas plus que qui aurait, je ne dis pas quelque sagesse, mais du bon sens. C'est là la voix de la nature, oui, de la nature. De quelque côté que tu tournes les yeux ou l'esprit, les choses mortelles et immortelles, célestes et terrestres, animées et inanimées, disent et proclament clairement qu'il y a quelque être au dessus de nous qui a fait et créé ces choses si admirables, si grandes, si nombreuses, et qui dirige et conserve maintenant encore

88 Selon Aristote, « Même les dieux ne peuvent faire que ce qui a eu lieu n'ait pas eu lieu ».

89 Lipse emploie le terme pensée, *mens* et non pas esprit ou intelligence.

90 Élimination d'emblée de la thèse épicurienne pour mieux imposer la solution stoïcienne.

ce qu'il a fait et créé. Cet être, c'est Dieu[91]. Rien ne convient mieux à sa nature suprême et très parfaite que de vouloir et pouvoir prendre soin de son œuvre et la protéger[92]. Pourquoi ne le voudrait-il pas ? Il est extrêmement bon. Pourquoi ne le pourrait-il pas ? Il est le plus grand[93]. Au point que nulle force ne le surpasse et que toutes en proviennent. La grandeur et la variété de ces choses ne le retient ni ne l'empêche. Car sa lumière éternelle répand ses rayons partout ; d'un seul et même coup, pour ainsi dire, ou d'un clin d'œil[94], il pénètre tous les recoins, tous les abîmes du ciel, de la terre et de la mer. Cette divinité ne préside pas seulement aux affaires humaines mais elle s'y intéresse, mieux elle y est présente.

Pourquoi s'en étonner ? Quelle vaste partie du monde le soleil éclaire-t-il et illumine-t-il à la fois ! Quelle longue suite de choses notre pensée embrasse-t-elle d'une seule pensée ou d'un sentiment ? Ô bouffons ! nous n'admettons pas que celui qui a créé ce soleil et cette pensée puisse voir et penser davantage ? Aristote, qui n'a guère parlé du divin, a dit excellemment : « *Ce qu'est le pilote dans son navire, l'aurige sur son char, le coryphée dans le chœur, la loi dans la cité, le commandant dans l'armée, voilà ce qu'est Dieu dans le monde. Avec cette différence cependant que, pour eux, gouverner implique labeur, anxiété, peine ; mais Dieu fait cela sans douleur ni peine, exempt de tout effort corporel*[95] ».

En Dieu donc, Lipse, est, a été et sera ce soin vigilant et perpétuel, mais sans souci, par lequel il voit, pénètre et connaît toutes choses ; il les dirige et gouverne selon un ordre immuable, inconnu de nous. Voilà ce que j'appelle providence. On peut s'en plaindre par faiblesse d'esprit mais nul ne peut en douter, à moins d'être sourd et insensible à la voix et au sentiment de la nature.

---

91 Passage qui fait penser à un passage des *Confessions* d'Augustin, X, VI, § 9 : « j'ai interrogé la terre, la mer, le vent, le ciel, le soleil, la lune, les étoiles et il m'ont dit : nous ne sommes pas le dieu que tu cherches ; c'est Lui qui nous a faits ».

92 C'est là la définition de la providence.

93 *Deus optimus maximus* (DOM) est le terme par lequel on désignait Jupiter puis le dieu suprême.

94 Jeu de mots : *ictu sive nictu*.

95 Lipse écrit en note : Dans le traité *Du monde* que Stobée cite comme une lettre à Alexandre. La citation provient du *De mundo* 6, 400b du pseudo Aristote.

CHAP. XIV
Rien ne se passe ici sans la volonté de la Providence ; c'est elle qui envoie des malheurs sur les peuples et les cités ; aussi est-ce manquer de piété que de s'en plaindre ou de pleurer. Exhortation à obéir à Dieu contre qui il est téméraire et vain de lutter.

Si tu t'es bien pénétré de cette idée, si tu crois sérieusement et de tout cœur que cette force de gouvernement s'introduit et s'insinue[96] et, pour parler comme le poète,

… va par toutes terres et l'étendue de la mer[97],

je ne vois plus de place possible pour ta douleur et ta plainte. Car cette pensée prévoyante qui, chaque jour, tourne et retourne le ciel, qui mène et ramène le soleil, qui produit et réserve les récoltes, a produit aussi tous ces événements et ces vicissitudes qui t'étonnent et t'indignent. Penses-tu que seul vienne du ciel ce qui nous est agréable et utile ? Ce qui est funeste et désagréable aussi. Rien absolument (excepté le péché) ne se passe, se trouble, se mêle dans cette immense machine, dont l'origine et la cause ne proviennent de cette cause première. « Les dispensateurs de toutes choses sont au ciel » dit justement Pindare[98]. Il y a comme une chaîne d'or qui descend d'en haut (selon l'allégorie d'Homère[99]) à laquelle toutes choses d'en bas sont attachées. Qu'un affaissement de terrain engloutisse ici des citadelles, cela vient de la providence, qu'ailleurs la peste fauche plusieurs milliers d'hommes, cela vient d'elle ; la guerre et le carnage dans les Flandres, c'est encore elle. C'est la divinité, Lipse, la divinité, qui envoie toutes ces catastrophes. Aussi Euripide a-t-il bien et sagement dit : « Les malheurs sont envoyés par les dieux[100] ». Le flux et le reflux des affaires humaines dépendent de cette lune, la naissance et la chute des royaumes, de ce soleil[101].

---

96 *Inserere et insinuare.*

97 Virgile, *Géorgiques*, IV, 221-222.

98 Pindare, *Olympiques*, XIV, 13-14.

99 Homère, *Iliade*, VIII, 19.

100 Euripide, *Andromaque*, 851. La nourrice réponde à Hermione : « Pourquoi te tourmenter ? Les malheurs envoyés par les dieux n'épargnent aucun mortel ».

101 Manière de dire que ce sont là des phénomènes naturels, comme la marée.

C'est pourquoi lorsque maintenant, tu lâches la bride à ta douleur et que tu t'indignes de voir ta patrie bouleversée ou ruinée, tu ne te demandes même pas : qui suis-je et contre qui vais-je m'indigner ? Qui ? Un homme, une ombre, une poussière[102]. Contre qui ? Je n'ose le dire : contre Dieu. Une antique fable raconte que des géants s'efforcèrent de chasser les dieux de leur citadelle[103]. Mais laissons-là les fables : vous qui vous plaignez, vous êtes ces rebelles. Si tous ces événements ne sont pas seulement permis mais suscités par Dieu, vous qui murmurez, qui résistez, que faites-vous d'autre que de ravir à Dieu son sceptre (dans la mesure de votre puissance) et la liberté de régner ? Mortels aveugles ! Le soleil, la lune, les astres, les éléments et toutes ces générations de vivants obéissent de bon gré et écoutent cette loi suprême : et l'homme, le plus noble des êtres, lui seul, regimbe contre son créateur et lui résiste.

Mais si tu larguais la voile au vent, tu irais non pas où ta volonté mais où le vent te pousserait : et sur cet océan de la vie, tu refuses de suivre l'esprit qui gouverne l'Univers. C'est en vain que tu le refuses puisqu'il faut suivre ou être entraîné[104] ; ces décrets célestes conserveront leur force et leur ordre, avec ou sans ton consentement. Si nous voyions un homme attacher sa barque à un rocher[105], tirer continûment sur la corde et penser ainsi ramener le rocher à lui au lieu de s'en rapprocher, nous ririons ; notre sottise n'est-elle pas plus grande, nous qui, enchaînés à ce roc de la Providence éternelle, voulons qu'à force de tirer et de lui résister, elle nous obéisse et non pas l'inverse ? Abandonnons enfin ces vains efforts. Si nous sommes sages, nous suivrons cette force qui nous attire d'en haut et nous estimerons juste que plaise à l'homme ce qui a plu à Dieu. Le soldat, dans le camp, rassemble son bagage quand il entend le signal du départ ; au signal du combat, il le pose ; de l'esprit, des yeux, des oreilles, il est disposé et prêt à obéir à tout ordre. Qu'il en soit de même pour nous et, dans cette campagne militaire, suivons avec empressement et d'un bon pas notre Capitaine, partout où il nous appelle.

---

102 *Cf. Genèse*, III 19 « Tu es poussière et tu retourneras en poussière ». On peut y voir aussi une allusion au livre de Job.

103 Hésiode, *Théogonie*, 666-868.

104 Cléanthe, *Hymne à Zeus* ; Épictète, *Manuel* 53 ; *Entretiens*, II, 23, 42 ; III 22, 95 ; IV 4, 34. Sénèque « *ducunt volentem fata nolentem trahunt*, le destin conduit celui qui acquiesce et traîne celui qui refuse ». *Ep.* 107, 10.

105 Modèle traditionnel dans le stoïcisme, du sage qui attache sa vie à Dieu.

« Nous sommes tenus par notre engagement » dit Sénèque, « à supporter les choses mortelles, à ne pas être troublés par ce qu'il n'est pas en notre pouvoir d'empêcher. Nous sommes nés sous une autorité : obéir à Dieu, c'est liberté[106] ».

CHAP. XV

Passage au second argument en faveur de la Constance, tiré de la Nécessité. Sa force et son impulsion. Double considération de la Nécessité d'abord dans les choses mêmes.

Voilà, Lipse, le bouclier solide, comme forgé par Vulcain, contre tout ce qui nous vient de l'extérieur : voici *les armes d'or*[107] sous la protection desquelles Platon nous ordonne de combattre le hasard et la fortune : être soumis à Dieu, penser à Dieu et, en tout événement, tourner notre pensée vers cette grande pensée du monde, la Providence. Puisque j'ai suffisamment déployé de troupes pieuses et favorables, j'avancerai un autre bataillon sous le drapeau de la Nécessité. Bataillon solide, dur comme fer[108], que je pourrais à juste titre qualifier de Légion fulminante[109]. Car cette force est rigide, infrangible : elle subjugue tout et triomphe de tout. Cela m'étonnerait fort, Lipse, que tu lui résistes. Thalès, à qui on demandait un jour : Qui est le plus fort ? répondit correctement : *la nécessité, car elle maîtrise tout*[110] et il ajoutait ce proverbe ancien mais téméraire, « les dieux même ne peuvent forcer la nécessité[111] ». Je la lie à la providence car elle lui est apparentée ou, pour mieux dire, elle en est née. La nécessité provient de dieu et de ses décrets et n'est rien d'autre

106 Sénèque, *Vie heureuse*, XV, 7. La formule, aisément réappropriable par un chrétien, revient souvent sous la plume de Lipse.

107 Vulcain (Héphaïstos) a fait des armes d'or pour Achille (*Iliade*, VIII, 462-617) et pour Énée (Virgile, *Énéide*, VIII, 608-731).

108 Platon en *République*, X, 619a évoque le lien adamantin (dur comme du diamant) de la Némésis.

109 La légion fulminante était une légion romaine formée de soldats chrétiens dans l'armée de Marc Aurèle.

110 Diogène Laërce, *Vies*, I, § 35. Proverbe téméraire parce qu'il nie la liberté absolue de Dieu et rend les miracles impossibles.

111 Cité par Platon, *Lois*, V, 741a. Il s'agit d'un vers de Simonide *cf. Protagoras*, 345cd.

que cette Anankè que le philosophe grec[112] a définie comme *la sanction ferme et la puissance immuable de la Providence.* Qu'elle intervienne dans les maux publics, je le prouverai doublement, par les choses et par le destin. Par les choses mêmes, car il est naturel à toutes choses créées d'être portées par une force interne vers le changement et la ruine. Tout comme au fer est liée par la nature la rouille qui le consume, au bois la vermoulure ou le ver qui le ronge, de même aux vivants, aux cités, aux royaumes, leurs causes internes propres de destruction. Regarde ce qui est en haut ou en bas, le grand, le petit, l'œuvre de la main ou de la pensée : de toujours, cela s'écroule et cela s'écroulera toujours. Comme les fleuves sont portés à la mer par leur pente et leur cours ininterrompu, ainsi, toutes les choses humaines sont conduites à leur terme, pour ainsi dire, par ce courant de malheurs. Ce terme, c'est la mort et la destruction, dont les instruments et ministres sont la peste, la guerre, les meurtres. Partant, si la mort leur est nécessaire, nécessaires sont aussi, de ce point de vue, les malheurs. Pour que tu le voies plus clairement par des exemples, je ne me refuserai pas à parcourir avec toi ce grand Univers, par l'esprit et la pensée.

CHAP. XVI

Exemples de changement ou de mort nécessaires dans le monde entier. Le ciel et les éléments se transforment et doivent mourir un jour ; on voit la même chose dans les cités, les provinces et les royaumes. Enfin, ici-bas, tout tourne et il n'est rien de stable ou de ferme.

Une loi éternelle, dictée à l'origine, veut que, dans le Monde entier, on naisse et meure, on commence et finisse. Cet arbitre des choses n'a rien voulu de stable et de ferme sauf lui.

Dieu seul / n'est pas menacé par la vieillesse ou la mort ; / les autres êtres, le temps, maître de tout, les dompte tous.

dit le poète tragique[113]. Tout ce que tu contemples et admires, à son tour, périt ou certainement se transforme. Tu vois ce Soleil ? Il s'éclipse.

112 Platon, *Lois*, I, 17. Idem V et VII (note de Lipse).

113 Sophocle, *Œdipe à Colonne*, 607-609.

La Lune ? Elle se fatigue et diminue. Les astres ? Ils glissent et tombent. Même si l'esprit ingénieux[114] de l'homme le masque et l'excuse, il arrive cependant et il arrivera dans ce corps céleste des effets qui, pour les mathématiciens, vont à l'encontre de toute loi et de toute pensée. Je ne parle pas des comètes, de forme variée, de position et mouvement variables car le Lycée[115] ne me fera pas croire facilement qu'elles proviennent toutes de l'air et y demeurent. Mais voici que, récemment, de nouveaux mouvements, perçus dans le ciel, et de nouvelles étoiles ont donné bien du souci aux astronomes. Cette année même[116] a surgi un astre dont on a clairement observé les accroissements et décroissances. Nous avons vu, ce qui est difficile à croire, que quelque chose, dans le ciel même, pouvait naître et mourir. Varron, cité par Augustin, affirme haut et fort *que l'étoile de Vénus, que Plaute appelle Vespurgo et Homère étoile du soir, a changé de couleur, de grandeur, de figure et de cours*[117]. Regarde l'air proche du ciel : chaque jour il change et se transforme en vents, nuages et pluies.

Passons aux eaux[118] : tu verras que ces fleuves et ces fontaines que nous disions perpétuels, tantôt ont péri, tantôt ont changé de lit et de cours. L'Océan même, cette grande et secrète partie de la Nature, est tantôt soulevé, tantôt abaissé par les tempêtes ; quand elles n'existeraient pas, il aurait ses propres flux et reflux et pour que tu penses que, lui aussi, peut périr totalement, il s'accroît et diminue partiellement chaque jour[119].

Si maintenant tu considères la terre qu'on a voulu être une et immobile, se tenant par sa force propre[120] : voici qu'elle penche et qu'elle est secouée par un tremblement et par un souffle caché ; ailleurs elle est corrompue par l'eau ou le feu. Ces éléments se combattent aussi entre eux. Ne t'indigne pas seulement des guerres entre les hommes, il y en a entre les éléments mêmes. Combien de terres diminuées ou englouties par le déluge et l'inondation imprévue de la mer ! Jadis, cette grande

114 Pour rendre *ingenium* et le distinguer d'*animus* ou *mens*.

115 Le Lycée est l'école d'Aristote.

116 En 1572. Apparition d'une supernova dans la constellation Cassiopée. Dans la conception aristotélicienne, les astres au dessus de la lune étaient immuables.

117 Augustin *Cité de Dieu* XXI, 8.

118 Lipse examine ici successivement les transformations des quatre éléments : le feu (les étoiles nouvelles), l'air (l'atmosphère), l'eau (les modifications des fleuves et des océans) et la terre (les tremblements de terre).

119 Allusion au phénomène des marées.

120 *Vi sua stare* d'où le surnom de Vesta (note de Lipse) ; *cf.* Ovide, *Fastes*, VI, 267-276.

île de l'Atlantide (car, à mon sens, ce n'est pas une fable[121]) puis Hélice et Bure[122] et, pour ne pas remonter à des temps anciens et reculés, chez nous les Flamands, du temps de nos pères, deux îles avec leurs villes et leurs habitants[123]. De nos jours encore, cette divinité toute bleue[124] s'ouvre de nouveaux golfes, léchant et rongeant chaque jour le rivage fragile des Frisons, des Zélandais, des Hollandais[125]. La terre elle-même ne se traîne pas dans une mollesse de femme : elle se venge par moments ; elle se fait des îles au milieu de la mer à l'étonnement et l'indignation de ce vénérable père.

Si ces grands corps, éternels de notre point de vue, sont voués au changement et à la mort, que penser des villes, des républiques, des royaumes ? Ils sont nécessairement mortels comme leurs fondateurs. Comme les hommes, ils ont leur jeunesse, leur maturité, leur vieillesse, leur mort[126]. Ils naissent, croissent, durent, fleurissent et tout cela pour tomber. Sous Tibère, un seul tremblement de terre renversa douze villes célèbres d'Asie[127] ; un autre, le même nombre en Campanie, sous Constantin[128], et la seule guerre d'Attila, plus de cent. C'est à peine si la renommée se souvient de l'ancienne Thèbes d'Égypte[129] : à peine peux-tu croire aux cent villes de Crète et, pour en venir à des faits plus certains, les anciens ont vu les restes de Carthage, Numance, Corinthe et s'en sont émerveillés, et nous, ceux d'Athènes, de Sparte et les ruines obscures de tant de villes qui furent illustres. Celle-là même, maîtresse

121 Île engloutie, mentionnée par Platon dans le *Timée* et le *Critias*. À partir du Moyen Âge ont commencé des interprétations qui supposaient son existence réelle.

122 Hélice, île grecque engloutie d'après Strabon en -373. Bure est une ville du sud du golfe de Corinthe. *Cf.* Pline l'ancien, *Histoire naturelle*, II, 93, 206 et Sénèque *Questions naturelles* dont le livre VI est consacré aux tremblements de terre, qui « évoque l'engloutissement d'Hélice et Bure » au Chap. 23, § 4.

123 Allusion à l'inondation de 1282 qui forma le golfe du Zuiderzee.

124 L'Océan ou Neptune qualifié plus bas de vénérable père.

125 En latin les Caninéfates et les Cauchois, reprise de Pline pour qui il s'agit d'un peuple situé entre le Rhin, le Zuiderzee et l'océan ; Frisons, Caninéfates et Cauchois (à ne pas confondre avec les Normands du pays de Caux) occupaient la côte et des îles souvent submergées, entre le Zuiderzee et la côte de Texel dans le nord de la Hollande. *Cf. Annales belgiques des sciences, des lettres et des arts*, vol. 10, Gand, 1822, p. 287-290.

126 Même thème chez Lucrèce.

127 Tremblement de terre en Turquie qui détruisit Éphèse et Sardes ; *cf.* Suétone, *Vie des douze Césars*, Tibère, § 48.

128 Tremblement de terre du 6 août 324. Voir aussi la destruction de Pompéi dans Sénèque, *Qu. Nat.* VI 1.

129 Tacite, *Annales*, II (note de Lipse).

des choses et des peuples, faussement dénommée Ville éternelle[130], où donc est-elle ? Ensevelie, démolie, incendiée, inondée, elle a péri de mille morts et, aujourd'hui, on a beau la chercher, on ne la trouve plus sur son propre sol. Tu vois Byzance, fière d'être le siège d'un double empire[131] ? Et cette Venise qui s'enorgueillit de mille ans de stabilité ? Leur jour viendra. Et toi, notre Anvers[132], prunelle des villes, un jour tu ne seras plus ! Ce grand architecte bâtit et détruit et, si j'ose dire, se joue des choses humaines. Comme un potier, de cette argile il forge et façonne des formes et des images diverses.

J'ai parlé des villes et des cités, mais les provinces et les royaumes aussi sont emportés dans cette chute. Jadis, l'Orient florissait ; l'Assyrie, l'Égypte, la Judée ont triomphé, militairement et intellectuellement. Leur destin est passé en Europe laquelle, cependant, comme un corps qui couve une maladie, me paraît maintenant tressaillir et pressentir la catastrophe. Bien plus, ce qui ne saurait assez nous étonner, ce monde, habité depuis cinq mille cinq cents ans, vieillit et, pour nous faire applaudir, comme jadis, la fable d'Anaxarque[133], de nouveaux hommes et de nouvelles terres surgissent et se lèvent ailleurs[134].

O loi merveilleuse et toujours incomprise de la nécessité ! Tout passe dans ce tourbillon fatal du naître et du périr : il y a dans cette machine des rouages qui durent longtemps mais rien d'éternel. Lève avec moi les yeux (car je ne suis pas fâché d'insister sur ce point) tourne-les alentour et vois les vicissitudes des affaires humaines et leurs agitations, comme celles de l'Océan. Toi, lève-toi ; toi, tombe ! Toi, commande ; toi, sers ! Toi, cache-toi ; toi, montre-toi ! Et que tourne ainsi le cycle de ce qui revient à soi, aussi longtemps que durera l'Univers même. Germains, vous étiez sauvages autrefois ? Soyez maintenant plus civilisés que la plupart des peuples d'Europe. Anglais, vous étiez incultes et pauvres ?

---

130 Rome. *cf.* Montaigne : il disait qu'« on ne voyait rien dans Rome que le ciel sous lequel elle avait été sise et le plan de son giste ; que cette science qu'il en avait était une science abstraite et contemplative de laquelle il n'y avait rien qui tombast sous les sens ; que ceux qui disaient qu'on y voyait au moins les ruines de Rome en disaient trop. Ce n'était rien que son sépulcre ». *Journal de voyage*, I, VII, Édition F. Rigolot, PUF 1992, p. 100.

131 Empire byzantin puis empire turc (note de Lipse).

132 Lipse a dédié son *De constantia* à Anvers.

133 Philosophe grec démocritéen, ami d'Alexandre et maître de Pyrrhon, IVe siècle av. J.-C. Diogène Laërce, *Vies*, IX, 58-60.

134 Allusion possible au Nouveau Monde ; *cf.* la dernière phrase du chapitre.

Défiez les Égyptiens et les Sybarites par vos richesses et votre luxe. La Grèce a été jadis florissante ? Qu'elle soit abattue désormais. L'Italie a tenu le sceptre ? Qu'elle serve maintenant. Et vous, Goths, Vandales, vous, la lie des barbares, sortez de vos retraites et venez à votre tour commander les nations. Avancez encore, vous les Scythes[135] couverts de fourrures, et d'une main puissante, tenez les rênes de l'Europe et de l'Asie. Mais vous-mêmes disparaissez bientôt et laissez le sceptre à ce peuple proche de l'Océan. Est-ce que je me trompe ? Ne vois-je pas je ne sais quel soleil d'un nouvel empire surgir de l'Occident ?

CHAP. XVII

On en vient à la Nécessité qui découle du destin. Il y a sur ce point un consentement universel de la foule et des sages mais un désaccord partiel. Diversité du destin pour les Anciens.

Langhe avait fini de parler et ce discours me faisait presque pleurer tant il me semblait discerner en pleine lumière la dérision des choses humaines. Je m'écriai : Hélas ! que sommes-nous ? Que sont toutes ces choses pour lesquelles nous prenons de la peine ? Le poète lyrique n'avait que trop raison de dire jadis : « Qui sommes nous ? Qui ne sommes nous pas ? L'homme est le songe d'une ombre[136] ! ».

Langhe me dit alors : Jeune homme, ne te contente pas de le voir, regarde d'en haut. Que cette légèreté inconstante et volage de toute chose imprime la constance en ton cœur. Inconstante, dis-je, de notre point de vue et à notre jugement, car, si tu regardes Dieu et la providence, tout ce parcours se fait selon un ordre fixé et immuable. Maintenant, je laisse le glaive et j'en viens à l'artillerie : je ne combattrai pas ta douleur avec des flèches mais avec une machine de guerre. Je brandirai le canon solide et ferme du destin qu'aucune force humaine ne repousse ou dont elle esquive l'assaut. Comme ce terrain est glissant, je m'avancerai prudemment, lentement et, comme disent les Grecs, pas à pas. Mais

135 Figure traditionnelle de barbares, considérés par Lipse comme les ancêtres des Turcs.

136 Pindare, *Odes pythiques*, VIII, 95-96. « Nous vivons un jour. Que sommes-nous ? Que ne sommes-nous pas ? Le rêve d'une ombre, voilà l'homme ».

d'abord, que les choses aient un destin, ni toi, Lipse, à mon avis, ni aucun peuple ou siècle n'en a jamais douté.

Moi, l'interrompant : pardonne-moi si je ne suis pas d'accord et si je t'arrête par une objection. Tu m'opposes les destins[137] ? C'est un canon fragile, Langhe, mené par les faibles forces des Stoïciens. Je le dis franchement : je rejette et les destins et les Parques. Avec le soldat de Plaute[138], d'un seul souffle, j'aurai éparpillé toute cette armée de vieillardes[139], comme fait le vent des feuilles.

Langhe me regarda alors d'un œil sévère et quasi menaçant : téméraire et inconsidéré, tu esquives ou supprimes les destins, toi ? Tu ne le peux pas, à moins de supprimer en même temps toute la force et la volonté divines. Car si Dieu est, il y a une Providence ; si elle existe, existent aussi le décret et l'ordre des choses ; et, dans ce cas, la nécessité ferme et déterminée de l'avenir. Comment parer ce coup ? Avec quelle hache briseras-tu cette chaîne[140] ? Il nous est interdit de penser Dieu et cette intelligence éternelle sans admettre en lui une science et prescience éternelles. Or nous pensons qu'Il est fixe, ferme, immuable, toujours un et semblable à soi : dans ce qu'Il a vu et voulu, rien d'hésitant ni de fluctuant.

Car la pensée des dieux éternels ne change pas[141].

Si tu reconnais que c'est vrai (et il te faut bien le reconnaître à moins d'avoir perdu le sens et la raison), tu reconnaîtras aussi ceci : tous les décrets divins sont fermes et immuables, de toute éternité et pour l'éternité. De là provient la nécessité et ce destin dont tu te moques. La vérité en est si claire et obvie qu'il n'est pas de conception plus ancienne ou mieux reçue parmi les peuples ; tous ceux sur qui a lui quelque lumière de Dieu ou de la providence ont admis le destin. Ces mêmes étincelles[142] originelles et pures qui leur ont fait découvrir Dieu, ont fait également briller devant eux le destin. Vois et écoute Homère, le

---

137 Lipse distingue entre la providence universelle et les destins particuliers.

138 Plaute, *Miles gloriosus, le soldat fanfaron*, 17-18 : « Tu veux parler de ce guerrier aux armes d'or, dont tu dispersas d'un souffle les légions, comme le vent dissipe les feuilles ou le chaume des toits ». Pyrgopolinice, le soldat fanfaron, est le modèle de qui se vante d'exploits qu'il n'a pas accomplis ; on dirait aujourd'hui un Matamore.

139 L'image des vieilles peut désigner les Parques ou bien l'*anus fatidica* la vieille prophétesse stoïcienne dont Cicéron se moque dans *De la nature des dieux*, II, § 73.

140 La chaine d'or de la causalité dont il a été question plus haut, au chap. XIV.

141 Homère, *Odyssée*, III, 147.

142 L'étincelle est une petite partie du feu divin, donc une parcelle de raison.

premier et le plus sage des poètes. Que je sois un menteur s'il est une route que cette muse divine ait mieux tracée et frayée que celle de la Fatalité. Toute la race des poètes a suivi son père. Euripide, Sophocle, Pindare, et chez les nôtres[143], Virgile. Veux-tu que je fasse appel aux historiens ? Tous, d'une seule voix, ont dit que tel événement provenait du destin ainsi que la stabilité et le renversement des royaumes. Les philosophes ? Eux dont le souci principal est d'extraire la vérité et de la défendre contre le vulgaire ? Sur la plupart des autres sujets, ils sont en désaccord en raison de leur ambition mauvaise et maniaque de disputer ; il est frappant qu'ils ne soient tous tombés d'accord que sur ce chapitre : le commencement de la route qui conduit au destin.

Le commencement, dis-je, car on ne saurait nier que ces écoles ont vite bifurqué sur plusieurs chemins qui, me semble-t-il, peuvent pourtant se réduire à quatre : le destin mathématique, naturel, violent, véritable[144]. Je te l'expliquerai brièvement en effleurant chacun d'eux car c'est là que sont généralement confusion et erreur.

CHAP. XVIII

Courte explication des trois premiers genres de destin, définition et description. On excuse facilement et brièvement les stoïciens.

J'appelle destin mathématique celui qui lie et rattache fermement toutes les actions et tous les événements à la force des astres et à la position des étoiles. Ce sont les Chaldéens et les Astrologues qui en furent les premiers inventeurs ; parmi les philosophes, son défenseur et garant fut ce sublime Mercure[145] qui distingue, avec subtilité et à juste titre, entre Providence, Nécessité, destin : La Providence est la raison parfaite et absolue du dieu céleste et ses deux facultés parentes sont la nécessité et le destin. Le destin est le serviteur et l'agent de la Providence et de la

143 Les poètes latins.

144 Leibniz se souviendra de cette distinction. *Cf. De religione magnorum virorum*, Grua *Textes inédits* I, p. 37-38 ; la *Théodicée* distingue trois formes du destin : le *fatum mahometanum*, §55 *stoicum* § 169, *christianum*. § 228.

145 Mercure (Hermès) Trismégiste, Hermès trois fois grand, auteur néoplatonicien du IIe siècle, abusivement assimilé à Moïse.

Nécessité mais les étoiles servent le destin. Car nul ne peut échapper à la force du destin ni se préserver de la force et de la puissance des étoiles. Ce sont elles, les flèches et les armes du destin ; suivant sa décision elles font et exécutent toutes choses, dans la Nature et chez les hommes[146]. Et dans cette nef des fous[147] est embarquée aujourd'hui, à la honte du nom de chrétiens, presque toute la bande des astrologues[148].

J'appelle *destin naturel l'ordre des causes naturelles qui* (sauf empêchement) *produisent par leur force et leur nature propres, le même effet déterminé.* Aristote était de ce parti, si j'en crois Alexandre d'Aphrodise[149] son interprète fidèle, ainsi que Théophraste qui écrit clairement : *le destin est la nature de chaque chose*[150]. Pour eux, qu'un homme en engendre un autre, c'est le destin ; qu'il meure de causes internes et non par une force étrangère, c'est le destin ; à l'inverse, qu'un homme engendre un serpent ou un monstre, c'est contre le destin ; de même qu'il soit tué par le glaive ou le feu[151]. Cette thèse n'est pas complètement fausse car elle ne s'élève même pas jusqu'à la force du destin. Qui n'éviterait pas la chute s'il ne montait pas[152] ? Et c'est presque toujours le cas d'Aristote en ce qui concerne les choses divines : je mets à part toutefois son livre *Du Monde*[153] qui est tout d'or et qui me semble provenir d'une autre inspiration, plus divine. Plus encore, je lis chez un auteur grec qu'Aristote a pensé que *le destin n'est pas une cause mais une sorte d'accident de la cause pour les choses ordonnées par la nécessité.* Quel courage de philosophe d'oser compter sérieusement au nombre des causes la fortune et le hasard[154] mais sans oser y mettre le destin.

Mais laissons Aristote. J'en viens à mes stoïciens (car je ne cache pas combien j'estime et j'aime cette École[155]) qui sont les inventeurs du destin

146 *Corpus hermeticum*, III, 12.

147 La nef des fous renvoie à un topos médiéval, un livre de Sébastien Brant *Satire des vices de l'Église et des hommes* ; c'est aussi le titre d'un célèbre tableau de Jérôme Bosch (vers 1500).

148 Dans les premières éditions, avant 1599, Lipse avait ajouté « mais aussi, ce que j'ai honte de dire, bien des théologiens ».

149 Alexandre d'Aphrodise, *Traité du destin*, VI. Alexandre a aussi écrit un traité sur la providence.

150 Selon Jean Stobée, doxographe de l'antiquité tardive, *Eclogae physicae* I, 6, 17b *cf.* Von Arnim, *Stoicorum vetera fragmenta (SVF)*, II, 913.

151 *Cf.* Virgile, *Énéide*, IV, 496-497 : « En effet, Didon ne mourait ni du fait du destin ni pour une mort méritée ; la malheureuse partait avant le terme, sous l'effet d'une folie soudaine ».

152 Réfutation cicéronienne de l'argument paresseux *De fato*, XII, 28-XIII, 30.

153 Dont l'auteur est le Pseudo Aristote. Ce traité semble dater du Ier siècle après J.-C.

154 *Cf.* Aristote, *Physique*, II, 4.

155 *Cf.* son édition de Sénèque et les traités d'introduction au stoïcisme, le *Manuel de philosophie stoïcienne* et la *Physique des Stoïciens.*

violent. Je le définis avec Sénèque, *la nécessité de toutes les choses et actions qu'aucune force ne peut rompre*[156] ou avec Chrysippe *une force spirituelle gouvernant cet univers avec ordre*[157]. Ces définitions ne s'éloignent pas trop de la position correcte et vraie, si on les interprète sainement et avec mesure. Peut-être même toute leur conception, à condition de couper court au discrédit provoqué par le contresens du vulgaire. On leur attribue deux thèses impies : assujettir Dieu au char du destin et que le destin commande les actions internes de notre volonté. Je n'espère guère pouvoir les purger de cette double faute. On peut tirer cela du peu de leurs écrits qui nous restent mais d'autres passages comportent des thèses plus saines. Sénèque, un des plus fermes piliers de ce portique[158], semble donner dans la première thèse, dans le livre où il le devrait le moins, celui *Sur la Providence* : « *La même nécessité dit-il, lie les dieux mêmes ; un cours irrévocable emporte également les choses divines et humaines. Le créateur et conducteur de toutes choses a bien écrit les destins mais il les suit. Une fois il a ordonné et toujours il obéit*[159] ». Cette chaîne indissoluble et cet entrelacement de causes, par quoi tout et tous sont liés, semblent clairement faire violence au libre arbitre de l'homme.

Mais les vrais et authentiques stoïciens n'ont jamais professé cela ouvertement. Ou, si quelque chose de tel leur a échappé, dans la chaleur de l'écriture ou de la discussion, tu le trouveras plutôt dans le propos que dans la réalité et le sens. Chrysippe lui-même (qui, le premier, a corrompu et affaibli cette école virile par la pointe épineuse de ses questions[160]) purge l'École et la disculpe, chez Aulu-Gelle, d'avoir diminué la liberté[161]. Notre Sénèque[162] n'a pas soumis Dieu au destin (sa pensée

---

156 Sénèque, *Qu. nat.*, II, 36.

157 Avec référence de Lipse à Aulu-Gelle *Nuits attiques* VI, 2 (VF II 1000) « Le destin est l'enchaînement éternel et inévitable des choses dont la chaîne immense se déroule d'elle-même à travers la série infinie des conséquences qui sont les anneaux dont elle est formée » et « le destin est l'enchaînement naturel de toutes choses dérivant éternellement les unes des autres et se succédant d'après un ordre invariable dans l'immensité du temps ». Lipse la reprend dans sa *Physique des stoïciens* I, XII.

158 Lipse joue sur la métaphore du nom de l'École, le Portique.

159 « *Semel paret, semper jussit* ». *De la providence*, V, 8.

160 *Cf.* Diogène Laërce *Vies*, VII, 180 « Il acquit une telle renommée chez les dialecticiens que la plupart d'entre eux étaient d'avis que, s'il y avait une dialectique chez les dieux, ce ne pouvait être que celle de Chrysippe ». Dans son *Dictionnaire*, art. « Chrysippe », Bayle dira qu'on accusait Chrysippe d'avoir favorisé le scepticisme de Carnéade par ses arguties dialectiques.

161 *Nuits attiques*, VI, 2 avec l'exemple du cylindre qui roule sur la pente selon sa nature propre.

162 La formule *Seneca noster* signifie Sénèque qui est des nôtres, c'est-à-dire proche des chrétiens.

était plus saine) mais sa façon de parler soumettait Dieu à Dieu. Ceux d'entre eux qui se sont le plus approchés du vrai appelaient destin tantôt la Providence même, tantôt Dieu. C'est pourquoi lorsque Zénon définit *le destin une force qui meut la matière de la même manière et selon la même* [loi][163], il ajoute *et il n'importe en rien qu'on l'appelle providence ou nature*[164]. Chrysippe, dans le même sens, appelle ailleurs le destin *la raison éternelle de la providence.* Déjà le stoïcien Panetius avait écrit : *Dieu lui-même a dit qu'il était le destin.*

Sénèque partage clairement cette thèse : « il t'est permis d'invoquer sous un autre nom le créateur des choses et de la nature : tu appelleras à juste titre Jupiter très grand et très bon, Tonnant ou l'Arrêteur ; ce nom ne vient pas, comme le dit l'histoire, de ce qu'à la suite de leur vœu, il a arrêté l'armée des Romains en fuite mais de ce que la stabilité de tout vient de son action bienfaisante : il est celui qui établit et stabilise. Tu ne mentiras pas si tu l'appelles aussi destin. Car le destin n'est rien d'autre que la série et l'entrelacement des causes et Dieu est la cause première de tout, celle dont dépendent les autres[165] ». Ces derniers mots sont si pieusement dits que la calomnie même ne les pourrait calomnier. Sur ce point, ce grand écrivain qui s'adresse au grand roi est proche des stoïciens : j'estime que la nécessité ne doit pas être dite autre que Dieu, en tant que nature stable. C'est le destin lui-même qui enchaîne tout et avance librement et sans empêchement[166].

Si ces discours ont quelque chose d'inconsidéré, ils n'ont cependant rien d'impie. Interprétés équitablement, ils ne sont pas très éloignés du véritable destin, le nôtre. Je fais sérieusement cet éloge à la gent stoïcienne : aucune autre École n'a mieux défendu la majesté et la providence de Dieu ; aucune autre n'a davantage entraîné les hommes vers les choses célestes et éternelles. S'ils ont quelque peu glissé sur la pente de la fatalité, je crois que c'est dû à un zèle bon et louable pour détourner les aveugles mortels de la divinité aveugle, la fortune, veux-je dire, dont ils ont vigoureusement condamné non seulement la divinité mais encore le nom[167].

---

163 Aetius I, 27, 5 *SVF*, I, 176.

164 Stobée *Eclogues* I, 5.

165 *Des bienfaits*, IV, 7 (note Lipse) § 1-2.

166 Il s'agit encore du pseudo Aristote, censé s'adresser à Alexandre, *De mundo*, 401b.

167 *Cf.* Augustin, *Rétractations* I, 1, c. 1 (note Lipse).

CHAP. XIX

Explication du quatrième et véritable destin. Un mot sur son nom. Définition plus fine où l'on montre sa différence avec la Providence.

Mais assez parlé du sentiment ou dissentiment des Anciens. Pourquoi scruter avec trop de curiosité ou de subtilité *ce qui est enseveli dans l'Hadès*[168] ? Ce qui m'intéresse, c'est le véritable destin, ce que je vais exposer et illustrer maintenant. Je l'appelle le décret éternel de la Providence qui ne peut pas davantage être ôté des choses que la Providence même. Et qu'on ne me cherche pas chicane sur ce nom, car j'affirme avec confiance et sérieusement qu'il n'y a pas de nom plus approprié dans la langue latine. Les Anciens en ont abusé ? Nous, nous en userons et, tirant ce mot de la prison des stoïciens, nous le porterons à meilleure lumière. *Fatum* vient certainement de *fari* et il signifie proprement *la parole et l'ordre divins*[169]. C'est précisément ce que nous cherchons ici.

Je définis donc ainsi le véritable destin, avec l'illustre Pic[170] : la série et l'ordre des causes qui dépendent du conseil divin ou, en d'autres termes, plus obscurs mais plus subtils, le décret immuable de la providence, inhérent aux choses muables, qui assigne fermement à chacune son ordre, son lieu et son temps. J'ai dit « le décret de la Providence » car je ne suis pas entièrement d'accord avec les théologiens (qu'ils me pardonnent ce libre souci du vrai) qui, aujourd'hui confondent, par le nom et la chose, le destin et la providence même. Je sais qu'il est difficile et même téméraire de vouloir concevoir ou lier, selon des mots précis, cette nature au-delà du ciel et de l'essence[171] (je veux dire Dieu) et ce qui

---

168 Lipse renvoie en note à un adage d'Érasme *tas en haidou triakadas, qui sunt apud inferos terniones (*Épitomé p. 399)*;* cet adage ridiculise ceux qui scrutent avec trop de diligence des matières obscures ; mais Lipse critique la traduction par Érasme du grec en latin.

169 Note de Lipse. Ce sont les termes de Priscien (*Partitiones*, 6, 117) et de Varron (*De la langue latine*, VI, 52) : « L'homme commence à parler (*fatur*), dès qu'il articule un mot significatif. Jusque-là l'homme est *infans* (qui ne parle pas). *Fari* (parler) est un mot imitatif, qui rappelle les premiers bégayements de l'enfant. *Fatum* (destinée) doit son nom à l'époque de la vie, déterminée par les Parques, où l'enfant commence à parler ». Voir aussi Augustin, *Cité de Dieu*, V, 9.

170 Pic de la Mirandole, 1463-1474, *Dispute contre l'astrologie* IV, 4. Pic dispute contre l'astrologie judiciaire mais admet la magie qu'il rapporte aux démons. D'où la correction de Lipse.

171 En grec *hyperousian hyperouranion phusin*, allusion probable à Platon, *République*, VI, 509b.

s'y rapporte. Toutefois, pour ce qui est accessible à la pensée de l'homme, je persiste à dire qu'à proprement parler, il y a une différence entre la Providence et le destin dont nous parlons. Car je ne comprends ou ne considère pas autre chose en la Providence que la force et la puissance en Dieu de tout voir, savoir et gouverner. Je dis que cette force est universelle, indivise, concentrée et, pour parler comme Lucrèce[172], unie pour ne faire qu'un. Mais le destin semble descendre davantage jusqu'aux choses mêmes et se manifester en chacune pour être la répartition et le développement de cette Providence commune, distincte et divisée en parties. Aussi celle-ci est-elle en Dieu et lui est-elle attribuée, à lui seul ; celui-ci est dans les choses et leur est assigné.

Tu trouves que je chicane et, comme on dit, que *je coupe un cheveu en quatre*[173] ? Je tire cela, Lipse, du langage ordinaire. Quoi de plus courant que de dire : *cela m'est arrivé par un destin faste ou funeste ; ce fut le destin de ce royaume ou de cette cité.* Personne ne parle ainsi de la Providence ; personne, dis-je, ne l'attribue aux choses mêmes, sauf impiété ou dérision. J'ai donc bien raison de dire que celle-là est en Dieu et que celui-ci vient de Dieu mais qu'il est conçu dans les choses. J'ajoute encore que, si la Providence est en réalité inséparable du destin, elle semble pourtant lui être antérieure et être quelque chose de plus excellent : tout comme le soleil précède la lumière, l'éternité, le temps, l'intellect, la raison, comme on a coutume de dire dans les Écoles philosophiques.

Mais je ne veux pas allonger cette présentation austère quoiqu'encore inhabituelle[174] : elle te permet de voir la juste cause de mon désaccord et pourquoi je conserve le nom de destin contre le Sénat novice des *théologiens.* Car les anciens et les Pères de jadis[175] ne me critiquent pas ni ne m'empêchent d'employer le nom de destin, selon une notion saine et vraie.

Eclairons ma définition : j'ai dit « un décret inhérent » pour montrer qu'il faut considérer le destin dans ce à quoi il s'applique et non

---

172 Lucrèce, *De la nature*, III, 839 ou 846 mais Lucrèce écrit plutôt *uniter apti.*

173 Proverbe. En grec *kénchron trupan*, en latin *milium terebrare*, c'est-à-dire percer un grain de mil avec une tarière. Érasme commente : « ceux qui travaillent une chose difficile et complètement inutile ».

174 Jeu de mots : *tristia/trita.*

175 Minutius Felix, Isidore (de Séville, *Étymologies*, 8), Origène, VIII, dernier chap. ; même st Thomas d'Aquin a fait un livre sur le destin et l'a intitulé *De fato* (note Lipse) ; ces auteurs sont amplement cités en *Physique*, I, 12. Voir aussi Augustin (*Cité de Dieu*, V, 1) Grotius quelques années plus tard (mais le livre ne fera l'objet d'une édition posthume qu'en 1648) fit lui aussi une compilation de textes sur le destin.

pas dans ce dont il provient. J'ai ajouté « aux choses mobiles » pour signifier ceci : le destin, quoiqu'immobile, ne supprime pas le mouvement interne et la nature des choses ; mais il agit doucement et sans violence, comme le requièrent les signes et marques imprimées par Dieu dans chaque être. Nécessairement, dans les causes nécessaires (j'entends les causes secondes) ; naturellement, dans les causes naturelles ; volontairement, dans les volontaires ; de façon contingente, dans les contingentes. C'est pourquoi, du point de vue des êtres, il n'apporte aucune force violente ou coaction mais il dirige et tourne chaque réalité de sorte qu'elle agisse ou pâtisse selon sa nature. Mais, si on le ramène à son origine, c'est-à-dire à la Providence et à Dieu, il faut affirmer avec constance et résolument que tout ce qui se fait par le destin se fait nécessairement[176].

J'ai ajouté pour finir, « dans l'ordre, le lieu, le temps » confirmant ce que j'ai posé auparavant, que la Providence concerne conjointement l'ensemble des choses et le destin, la distribution de chacune. Par « ordre », j'entends la série et l'entrelacement des causes que le destin détermine ; par « lieu et le temps », cette force étonnante et non élucidable qui astreint tous les événements à des situations déterminées et des moments du temps. C'est le destin que Tarquin soit chassé de son trône[177] ? soit, mais l'adultère a précédé : tu vois l'ordre des causes. Que César soit tué ? mais à la Curie et à côté de la statue de Pompée[178] : tu vois le lieu. Que Domitien soit assassiné par ses gens ? il le fut, mais à l'heure même qu'il évitait en vain, la cinquième[179] : tu vois le temps.

---

176 Cette nécessité est celle des lois de la nature.

177 Après le viol de Lucrèce Tite Live *Histoire romaine*, I, 58, Cicéron *sur la divination*, I, 22 ; 44.

178 Plutarque, *Vies*, César 66, Suétone, *Vie des douze Césars*, § 81-82.

179 Sur l'assassinat de Domitien, voir Suétone *Vie des douze Césars*, Domitien § 16.

CHAP. XX
Ce destin se distingue du destin stoïcien sur quatre points. On montre avec plus de soin comment il ne contraint pas la volonté et que Dieu ne coopère[180] *pas au mal ni n'en est l'auteur.*

As-tu bien compris, jeune homme ? Ou faut-il allumer pour toi un flambeau plus lumineux ?

Oui, fis-je d'un signe de tête, plus lumineux, Langhe, plus lumineux ! pour ne pas me laisser éternellement dans la nuit. Qu'est-ce que cette trame subtile de distinctions ? Ces lacets captieux de questions ? Je craignais des pièges, crois-moi, et je voyais venir tes explications et tes propos indécis comme autant d'ennemis.

Langhe, souriant. Allons, aie confiance. Point d'Hannibal[181] ici. Tu n'es pas tombé dans une embuscade mais dans un refuge. Je te donnerai de la lumière : dis-moi seulement où et sur quel point tu vois mal.

Dans ce qui porte sur la contrainte et la nécessité, Langhe. Car je ne comprends pas du tout comment tu distingues ton destin[182] de celui des stoïciens. Ce qu'en paroles et par la porte d'entrée, comme on dit, tu as bien rejeté, tu sembles le faire rentrer dans la réalité par la porte dérobée.

Langhe, vivement : Loin s'en faut, Lipse, loin s'en faut ! Je ne propose pas, même en songe, le destin des stoïciens ; je ne vais pas faire réchauffer ces vieilles femmes[183] mortes depuis longtemps. J'avance un destin pieux et modéré que je sépare du destin violent par cette quadruple borne :

1/ Ils soumettent Dieu au destin : Jupiter lui-même, chez Homère, n'a pu arracher Sarpédon à ses chaînes alors qu'il le voulait si fort[184] ; mais nous, nous soumettons le destin à Dieu que nous voulons créateur et

---

180 En grec *sunergon*. Lipse ajoute en note : « Je soumets tout ce chapitre aux hommes prudents. Si l'on me montre que je me suis trompé, je suis tout prêt à me rétracter. On pourra me convaincre d'erreur, non de mauvaise foi ni d'obstination ».

181 Hannibal (247-183) général carthaginois, adversaire de Rome et considéré comme un excellent tacticien.

182 Ce que Leibniz appellera le *fatum christianum*, une conception du destin compatible avec le christianisme.

183 Les Parques ou bien encore les devineresses raillées par Cicéron dans le *DND*, II.

184 Sarpédon est un fils de Zeus et Europe. Zeus ne put empêcher qu'il soit tué par Patrocle lors de la guerre de Troie. Homère, *Iliade*, XVI, 426 sv.

acteur totalement libre de toutes choses ; il peut transgresser et rompre cet enchaînement serré et les livres du destin[185].

2/ Eux posent une série continue et perpétuelle de causes naturelles, nous n'admettons pas que ces causes soient toujours naturelles (car Dieu, par un prodige ou un miracle, agit souvent en dehors de, voire même contre, la nature), ni qu'elles soient éternelles, ce que ne sont pas les causes secondes puisque leur origine est certainement contemporaine du monde.

3/ En troisième lieu, ils semblent avoir ôté le possible[186] des choses ; nous le restituons et, chaque fois qu'il s'agit de causes secondes, nous admettons le contingent et le fortuit dans les événements.

4/ Enfin, ils ont opposé à la volonté une force violente ; ce n'est pas du tout notre cas : nous posons le destin et le rendons compatible avec le libre arbitre. C'est ainsi que nous fuyons le vent trompeur du hasard et de la fortune pour ne pas heurter notre nef contre le rocher de la Nécessité.

Le destin existe ? Oui mais comme cause première qui supprime si peu les causes secondes et moyennes qu'il ne peut agir sans elles, dans le cas le plus général[187] et suivant l'ordre établi. Mais, parmi ces causes secondes, il y a aussi ta volonté : ne va pas croire que Dieu la contraigne ou la supprime[188]. C'est là que réside toute l'erreur, toute la confusion : personne ne sait ou ne pense qu'il veut et, dis-je, qu'il veut librement ce que veut le destin. Le dieu créateur se sert des choses sans les corrompre. De même que le ciel supérieur entraîne dans son mouvement toutes les sphères inférieures sans interrompre ou arrêter leur mouvement[189], ainsi Dieu, par l'impulsion du destin, entraine toutes les choses humaines sans leur ôter leur force particulière et leur mouvement. Il a voulu la croissance des arbres et des moissons ? Ils croissent par nature, sans violence. Il a voulu que les hommes délibèrent, choisissent ? Ils délibèrent sans contrainte et choisissent par volonté. Et cependant, cela même qu'ils auront choisi, il l'a vu de toute éternité ;

185 Ce qui laisse ouverte la possibilité du miracle ; *cf.* § suivant.

186 En grec *endéchoménon* le possible ou le permis.

187 *Hôs épi ti pléiston* en grec ; Lipse reprend ici la détermination aristotélicienne de la loi.

188 Note de Lipse : « St Augustin a dit finement à ce sujet : la volonté ne peut pas être contrainte ni amenée à vouloir ce qu'elle ne veut pas ; car nous ne voulons pas quand nous ne voulons pas. » *Cité de Dieu*, V, 10. Ce thème sera repris au livre II, chap. XXV.

189 Cosmologie aristotélicienne. Le premier mobile entraine tous les mouvements inférieurs.

mais il l'a vu sans y forcer ; il l'a su, sans le rendre irrévocable ; il l'a prédit et non pas prescrit[190]. En quoi nos Curions[191] bronchent-ils ici ? Pauvres petits ! Rien ne me semble plus clair à moins que, effrontée, la pensée, ne se gratte et s'excite elle-même par une rage infectieuse et maligne de disputer et d'en découdre.

Comment, disent-ils, si Dieu a prévu que je pécherai et si cette prévision est infaillible, je ne pécherais pas nécessairement ? Nécessairement, je l'avoue, mais non comme tu l'entends, mais par l'intervention de ta libre volonté. Car Dieu a prévu que tu pécherais de la manière prévue : il a prévu que tu le ferais librement ; donc, nécessairement, c'est librement que tu pèches. Est-ce assez clair ? Mais ils reviennent à la charge. Dieu est bien pourtant l'auteur de tout mouvement en nous. En un sens général, l'auteur, oui, mais il n'est fauteur que du bien. Tu te prépares pour la vertu ? Il le sait et t'aide ; pour le mal ? Il le sait et laisse faire. Il n'y a là aucune faute de sa part. Je monte et je manie un cheval faible et boiteux[192] : le manier vient de moi, qu'il soit faible vient de lui. Je gratte une cithare dissonante et mal accordée. Qu'elle sonne faux est un défaut de l'instrument, pas de moi, tu l'admettras. La terre elle-même nourrit tous ces arbres et ces moissons d'un même suc mais les uns portent un fruit salutaire, d'autres un poison ; que dire ? Est-ce la faute de la terre ou plutôt de la puissance interne de l'arbre qui transforme un bon aliment en poison ? Il en va de même ici : de Dieu vient la mobilité, de toi et en toi, que ce soit pour le mal.

Enfin, pour conclure sur cette liberté : le destin est comme le coryphée qui conduit ce chœur du monde[193] mais de sorte qu'il nous revienne toujours de vouloir et de ne pas vouloir, mais pas davantage, pas de faire. Car l'homme garde au moins la liberté de résister à Dieu et de lutter contre lui mais pas la force pour réussir. Comme, sur un navire, je peux me promener et parcourir en tous sens les ponts et les coursives

---

190 Renvoi de Lipse en note à Jean Damascène (*De la foi orthodoxe*, II, 30).

191 Caelius Secundus Curio (1503-1569) humaniste italien, théologien protestant de l'université de Bâle, proche des latitudinaires, qui accusait les théologiens d'exagérer l'omniscience et l'omnipotence divines aux dépens de sa miséricorde, au risque de faire de Dieu l'auteur du mal. Il soutenait que le Paradis contenait beaucoup plus de membres que l'enfer. Référence fournie par R. V. Young, dans la traduction anglaise du *De constantia*.

192 Cette image fait inévitablement penser à l'attelage du *Phèdre* de Platon et à la disparité des deux chevaux, blanc et noir. Le cheval boiteux correspond au cheval noir.

193 Image plotinienne.

sans que ce petit mouvement n'empêche en rien sa course, ainsi sur la nef du destin qui nous emporte tous, nos volontés peuvent bien courir partout, elles ne la feront pas dévier de sa route ou s'arrêter. Toujours la volonté suprême tempérera et retiendra les rênes et dirigera ce char vers le but prévu, sans tirer sur le mors.

CHAP. XXI

Conclusion du traité du destin. Avertissement : c'est un sujet plein d'incertitude et de danger qu'il ne faut pas scruter trop méticuleusement. Exhortation sérieuse à puiser dans la nécessité des forces pour l'âme.

Mais pourquoi m'occuper de cela ? Je tourne la proue et m'éloigne de ce Charybde[194] qui a englouti beaucoup de grands esprits. Je vois ici le naufrage de Cicéron qui préféra nier la providence[195] plutôt que d'ôter quelque chose à la liberté humaine. *Ainsi en faisant les hommes libres*, comme dit élégamment l'évêque d'Hippone, *il les a rendus sacrilèges*[196]. Combien, aujourd'hui encore, nagent dans ces flots et sont emportés dans ce torrent de disputes ? Aussi, Lipse, avertis de ces périls, préférons longer le rivage et ne nous enfonçons pas au large dans cette mer. Euclide, pressé un jour de questions sur les dieux, répondit fort à propos : *tout ce que j'en sais, c'est qu'ils détestent les curieux*[197]. Adopte la même position sur le destin : il accepte qu'on le regarde mais pas qu'on le scrute, qu'on y croie mais pas qu'on le connaisse. Bias, je crois, a dit : *dis seulement des dieux qu'ils sont*[198]. C'est encore plus vrai du destin : il te suffit, je t'en préviens, de savoir qu'il est ; quant au reste, ce n'est pas péché que de l'ignorer.

194 Charybde et Scylla sont deux monstres marins de la mythologie grecque puis deux dangers (un rocher et un gouffre) du détroit de Messine. *Cf.* Homère, *Odyssée*, XII, 104-110.

195 Dans le *De divinatione* (de la divination), qui propose une critique sévère, de source épicurienne, contre la conception stoïcienne du destin. Voir aussi l'exposé de la théorie stoïcienne de la providence dans *De la nature des dieux*, II, Chap. 39-44.

196 Augustin, *Cité de Dieu*, V, 9. Dans d'anciennes éditions (avant 1599) Lipse attribue cette thèse à Jean Damascène.

197 La phrase ne se trouve pas exactement dans Diogène Laërce, *Vies*, II, 106-111.

198 Lipse donne le texte en grec. Diogène Laërce, *Vies*, I, 87.

Ceci est proprement notre lot[199] (je quitte désormais ces détours embrouillés pour une route ancienne et bien tracée) que de croire que la nécessité est liée de façon congénitale aux maux publics ; cherches-y quelque consolation de ta peine. Pourquoi t'enquérir avec soin du libre ou du serf arbitre[200], de la contrainte ou de la conduite de la volonté ? Malheureux ! Ta Syracuse est prise[201] et tu écris sur le sable. Au dessus de toi, la guerre, la tyrannie, le carnage, la mort : ils sont sûrement envoyés d'en haut et ne relèvent en rien de ta liberté. Tu peux les craindre mais non t'en prémunir, les fuir, mais non les éviter. Prends les armes contre eux et saisis ce trait du destin. Il ne se contente pas de piquer toutes ces douleurs mais il les calme, il ne les diminue pas mais les supprime. C'est comme l'ortie : touche la d'une main hésitante : elle te brûle ; prends la hardiment, la piqure est moins vive. Ainsi l'âpreté de ta douleur croît si tu y appliques des remèdes trop doux ; s'ils sont forts et violents, elle cesse. Or il n'y a rien de plus fort que la nécessité : par un seul assaut, elle enfonce et disperse ces fragiles colonnes. Quelle force a pour toi la douleur ? Elle n'a pas sa place dans ce qui non seulement peut mais doit arriver. À quoi bon te plaindre ? Tu peux secouer ce joug céleste, tu ne peux pas le faire tomber.

Cesse d'espérer fléchir par ta plainte les destins divins[202].

Il n'est pas d'autre moyen d'échapper à la nécessité que de vouloir ce qu'elle impose. Le plus grand des sages a excellemment dit : *tu peux être invincible si tu te gardes d'attaquer là où il ne t'appartient pas de vaincre*[203]. Or tel est bien ce combat contre la nécessité. Celui qui l'entreprend succombe et, plus étonnant encore, il a succombé avant même de l'avoir entrepris.

---

199 En latin *illud proprie ad nostram Spartam* voir Érasme *Adages*, *Spartam nactus es, hanc orna* qui renvoie à Cicéron, *Lettres à Atticus*, IV, 6, 2. Cela signifie, selon Érasme, qu'il faut s'adapter à l'endroit où l'on est né et lui faire honneur ; ici le lieu de naissance est une métaphore du destin individuel.

200 Allusion au vif débat entre Érasme (*De libero arbitrio* 1524) et Luther (*De servo arbitrio* 1525) et, plus généralement, entre catholiques et réformés, sur la question de la liberté de la volonté.

201 Syracuse est la ville d'Archimède qui mourut pendant son attaque, tué par un soldat romain alors qu'il résolvait un problème de mathématique sur la plage. *Cf.* Cicéron, *De finibus*, V, § 50 : « Que pensez vous que fut l'ardeur d'Archimède pour l'étude pour que, dans son attention à tracer des figures sur le sable, il ne se fût même pas aperçu que sa ville natale était prise ? »

202 Virgile, *Énéide*, VI, 376, Lipse a remplacé le dernier mot *precando* (par ta prière) par *quaerando*.

203 Cité en grec. Épictète, *Manuel*, 19 (note de Lipse).

CHAP. XXII

On cherche ordinairement dans le destin quelque retraite à sa paresse. On dévoile ce prétexte. Le destin agit par les causes intermédiaires dont on doit se servir. Dans quelle mesure convient-il ou non de porter secours à sa patrie ? Fin de ce discours et du livre I.

Langhe fit une pause ; je l'interrompis vivement : si ce vent continue de souffler en poupe, je ne me vois plus loin du port. Car j'ose déjà suivre Dieu, j'ose me plier[204] à la nécessité et il me semble que je puis dire avec Euripide : *Moi, je lui offrirais un sacrifice au lieu de regimber contre l'aiguillon, moi qui suis mortel, face à un dieu*[205]. Mais il y a en moi un tourbillon de pensées confuses qui m'agite. Calme le, Langhe. Car, si les malheurs publics viennent du destin et si on ne peut ni le vaincre ni l'éviter, pourquoi se mettre encore en peine de la patrie et lutter pour elle[206] ? Pourquoi ne pas tout abandonner à ce grand directeur indomptable et lui céder, comme on dit, les bras croisés[207] ? Car, de ton propre aveu, à l'encontre des destins, tout secours et tout projet sont vains.

Langhe, avec un sourire : jeune homme, par opiniâtreté et par effronterie, tu t'éloignes de ce qui est correct et vrai. Est-ce là se soumettre aux destins ou bien s'y opposer et s'en moquer ? Je me tiendrai, dis-tu, les bras croisés. Bien ; je voudrais maintenant que tu fermes aussi tes lèvres. Qui t'a jamais dit que le destin agissait purement et simplement, sans moyens ni cause auxiliaire[208] ? C'est ton destin d'élever des enfants[209] ? Mais à condition d'aller d'abord au jardin de ton épouse. De guérir de la maladie ? Mais seulement à condition de recourir au médecin et aux remèdes. Il en va de même ici : que la nef de la patrie secouée et qui coule soit sauvée, si c'est le destin ; mais c'est aussi le

204 Jeu de mots : *sequi, obsequi*.

205 Euripide, *Bacchantes*, 794-795.

206 Reprise de l'argument paresseux : si c'est le destin que telle chose arrive ou n'arrive pas, il ne sert à rien de travailler pour ou contre elle.

207 Mot à mot : à mains jointes. D'où le jeu de mots à la phrase suivante : je voudrais que tu joignes aussi tes lèvres.

208 Reprise de la réponse de Chrysippe à l'argument paresseux *cf.* Cicéron, *du destin* XIII, 30 qui distingue les faits simples et les faits solidaires.

209 Ironique, puisque Lipse n'en eut pas.

destin que de combattre pour elle et de la défendre. Si tu veux parvenir au port, il te faut prendre les rames et larguer les voiles, sans attendre paresseusement le vent du large. Mais au contraire, si c'est le destin que ta patrie périsse, le destin produira aussi les conditions humaines de sa destruction. Il y aura conflit entre la plèbe et les nobles et, au sein de chaque groupe, nul ne saura obéir ni commander, beaucoup seront actifs en paroles et tous paresseux en actes ; enfin chez les chefs eux-mêmes, ni prudence[210] ni fidélité.

Velléius a fort bien dit : la force inéluctable des destins détourne les conseils de celui dont elle veut changer la fortune[211]. Et encore : de fait il en va bien ainsi : souvent le dieu qui veut changer la fortune gâte les conseils ; il faut, comble du malheur, que ce qui arrive paraisse encore arriver justement. Tu ne dois pas en venir aussitôt à penser que des destins extrêmes accablent ta patrie. Qu'en sais tu ? Comment sais-tu si c'est là seulement une secousse et un accès de fièvre ou une maladie mortelle ? Porte lui donc secours et espère aussi longtemps que, selon la vieille expression, ce malade a encore du souffle. Mais si, maintenant, des indices clairs et certains font apparaître un changement fatal, alors, à mon avis, vaudra la formule : ne combats pas contre un dieu[212]. Je te propose avec sûreté l'exemple de Solon : alors que Pisistrate occupait Athènes, voyant que tout effort pour défendre la liberté était vain, il déposa armes et bouclier devant la Curie en disant : O ma patrie je t'ai porté secours par mes paroles et mes actions. Puis il rentra chez lui pour se tenir ensuite tranquille[213]. Fais cela : cède à Dieu, cède au temps ; si tu es un bon citoyen, réserve toi pour des destins meilleurs et plus doux. La liberté, qui a péri aujourd'hui, peut revivre et la patrie qui s'est écroulée peut se relever avec le temps. Pourquoi à la légère, perdre cœur ou renoncer ? Des deux consuls qui étaient à Cannes, je tiens Varron qui prit la fuite pour un citoyen plus courageux que Paul Émile qui mourut[214]. Le Sénat et le peuple de Rome n'en jugèrent pas autrement : ils le remercièrent publiquement de n'avoir pas désespéré

210 En latin *consilium* qui signifie décision, conseil, prudence.

211 Velleius Paterculus, *Vie de César*, livre II (Chap. 57 & 119) et Varron (note de Lipse).

212 Euripide, *Bacchantes*, 325.

213 Diogène Laërce, *Vies*, I, 50 (où après la prise du pouvoir par Pisistrate, il se rendit en Égypte) et Plutarque *Vies*, Solon 30.

214 Tite Live, *Histoire romaine*, XXII, § 49 pour Paul Émile (Il s'agit de la bataille de Cannes contre Hannibal) et § 61 pour Varron.

de la République. Du reste, qu'elle chancelle ou tombe, qu'elle dépérisse ou périsse complètement, ne t'afflige pas outre mesure mais emprunte à Cratès cette grandeur d'âme, lui qui répondit à Alexandre qui lui demandait s'il voulait que sa patrie soit relevée : À quoi bon ? Un autre Alexandre la détruira peut-être de nouveau[215]. Voilà des propos de sages, des propos virils[216]. Comme Homère en avertit justement Achille :

Laissons les douleurs les plus tristes se calmer dans notre cœur, le frisson du désespoir ne produit rien[217].

Car sinon, ce sera comme dans la fable où Créon prit dans ses bras sa fille en flammes et ne lui fut d'aucun secours mais périt avec elle[218] : ainsi, toi, Lipse, tu t'éteindras plus vite que tu n'éteindras de tes larmes ce feu public qui dévore la Flandre.

Langhe parlait encore quand on sonna vigoureusement à la porte et l'on fit entrer un garçon envoyé par Lieven Vanderbecke[219] pour nous prévenir qu'il était l'heure du souper. Langhe comme réveillé : Hé ! Cette conversation nous a menés si tard ! Et déjà le jour décline. Se levant et me tendant la main : Allons Lipse, à ce souper qui me fait envie.

Mais moi, renâclant : restons assis. Je préfère à tous les soupers ce que j'appelle avec les Grecs, *la nourriture des dieux*[220]. De ces festins-là, moi, j'ai toujours faim, je ne suis jamais rassasié. Mais Langhe m'entraîna et dit : maintenant tenons la parole donnée ; demain, si tu veux, nous sacrifierons à la constance.

215 Diogène Laërce, *Vies*, VI, 93.

216 Le néostoïcisme insiste toujours sur le caractère viril de la philosophie du Portique, opposé aux pleurs des femmes.

217 Homère, *Iliade*, XXIV, 522-524.

218 Apollodore, *Bibliothèque*, I, 9, § 28. Il s'agit de Glaucé, fille de Créon, promise par son père à Jason. Médée pour se venger lui fit porter un manteau empoisonné : « celle-ci s'en étant revêtue, fut consumée avec son père qui avait voulu la secourir, par le feu qui en sortit ».

219 Laevinus Torrentius c'est-à-dire Lieven Vanderbecke, humaniste et collaborateur de Lipse, qui devint évêque d'Anvers.

220 Traditionnellement l'ambroisie. Cela désigne ici la connaissance.

LIVRE II

CHAP. I
Une occasion pour reprendre la discussion. Visite et éloge[1] de l'agréable jardin de Langhe.

Le jour suivant, Langhe voulut m'emmener dans ses jardins. Il en cultivait deux avec beaucoup de soin, l'un sur la colline du côté des maisons, l'autre un peu plus loin, en un lieu plus bas, proche de la Meuse,

Fleuve qui coule lentement par l'agréable cité[2].

Il vint me chercher tôt le matin dans ma chambre et me dit : Allons-nous nous promener, Lipse ou préfères-tu ne pas bouger et te reposer ?

Je préfère la promenade, Langhe, si c'est en ta compagnie ; mais où irons nous ?

Si tu veux bien, à mon jardin[3] près du fleuve. Le chemin n'est pas long ; en même temps, tu feras de l'exercice et tu verras la ville ; enfin il y a une brise agréable et rafraichissante par cette chaleur.

Cela me convient et, sous ta conduite, aucun chemin ne me sera pénible, même si l'on va jusqu'au bout des Indes. Aussitôt dit, nous avons demandé nos manteaux, les avons mis, sommes partis et arrivés[4].

---

1 L'éloge par Lipse est ici purement esthétique. Dans le chapitre suivant, dans le propos de Langhe, cet éloge sera essentiellement moral.

2 Comme dit Ennius (note de Lipse) *Annales*, V, 171.

3 Le modèle du jardin comme citadelle où se réfugie le sage du XVIe siècle pour fuir les tumultes de la vie civile. Voir aussi *Cent. Misc.*, I, 8 et Marc Monford « The stoic garden » in *Journal of garden history*, 1987, t. 7, p. 151-175. À la différence du jardin épicurien, lieu de jouissance sensible (ce qu'est ce jardin pour Lipse) le jardin stoïcien est un lieu clos, calme et retiré, qui favorise la méditation, ce pour quoi la discussion se passe sous une tonnelle, et non pas en marchant dans les allées. Voir aussi N. Dauvois Lavialle « Juste Lipse et l'esthétique du jardin » in *Juste Lipse en son temps*, Champion, 1996, p. 215-232.

4 En latin la série *poposcimus, sumpsimus, ivimus, inivimus* (verbes au parfait) évoque la fameuse séquence de César *veni, vidi, vici.*

À peine arrivé, je regardais tout autour avec curiosité, émerveillé de l'élégance et du raffinement du lieu. Mon vieil ami, quel charme, quelle splendeur ! C'est un lieu céleste[5] que tu as là, Langhe, pas un jardin, et les feux des astres ne brillent pas davantage dans la nuit sereine que ces fleurs éblouissantes et scintillantes. On parle des jardins d'Adonis[6] et d'Alcinoos[7]. Insignifiantes bagatelles[8], comparés à ceux ci. En m'approchant de plus près, pour voir quelques fleurs et les sentir, je dis : que souhaiter en premier ? Devenir tout œil avec Argos ou tout nez avec Catulle[9] ? Cette jouissance caresse et charme également les deux sens. Foin des parfums d'Arabie, vous me dégoutez à côté de ces effluves délicats et vraiment célestes.

Langhe, me prenant doucement la main et non sans rire : soit dit sans t'offenser Lipse, ni moi ni ma Flore[10] rustique ne méritons une louange si savante et si raffinée.

Et pourtant elle est sincère, Langhe. Tu crois que je te flatte ? Je dis cela sérieusement et du fond du cœur. Les Champs Élysées[11] ne sont pas élyséens face à ta campagne. Vois quel éclat partout ! Quel ordre ! Comme tout est bien agencé en parterres et corbeilles, avec autant d'élégance que des carreaux de mosaïque sur une dalle. Quelle abondance de fleurs et de plantes ! Quelle rareté et nouveauté ! Il semblerait que la nature a voulu enfermer en ce petit lieu tout ce que notre monde et l'autre[12] possèdent de plus remarquable.

---

5 En latin allitération *coelum/hortum*. Le lieu céleste peut aussi évoquer le paradis.

6 Jardins merveilleux mais qui ne duraient que le jour de la fête et que Platon évoque dans le *Phèdre*.

7 Alcinoos est le père de Nausicaa. Ulysse est chez lui superbement reçu. Voir Homère, *Odyssée*, VII.

8 *Imagines muscarum* : L'image de mouche désigne quelque chose d'inconsistant et d'insignifiant.

9 Argos est un fils de Zeus qui avait cent yeux ; Catulle est un poète latin du Ier siècle av. J.-C. *cf. Poèmes*, XIII : « je t'offrirai des parfums dont les Grâces et les Amours ont fait don à ma jeune maîtresse ; en les respirant, tu prieras les dieux de te rendre tout nez des pieds à la tête ».

10 Flora était la déesse du printemps et des fleurs.

11 Les Champs Élysées étaient le séjour des morts vertueux dans la culture gréco-latine.

12 Le nouveau monde.

CHAP. II
Éloge des jardins : leur culture est ancienne et naturelle. Rois et Grands s'y sont employés. Leur vue charme nos yeux et convient à mon souhait.

Certainement Langhe, ton souci du jardinage est remarquable et louable, souci naturel, si je ne me trompe, à tout homme excellent et très modeste. Sa justification, c'est qu'il n'est pas facile d'évoquer un autre plaisir sur lequel, de tout temps, les élites des nations se soient accordées avec autant d'empressement. Tu parcours les lettres sacrées ? Tu y verras que les jardins sont nés avec la naissance du monde, eux que Dieu lui-même attribua au premier homme comme demeure et séjour de la vie heureuse[13]. Les lettres profanes ? Proverbes et fables évoquent les jardins d'Adonis, d'Alcinoos, de Tantale et des Hespérides[14] ; et dans les histoires véritables et attestées, tu trouveras les plantations de Cyrus[15], les jardins aériens et suspendus de Sémiramis[16], les cultures nouvelles et célèbres de Massinissa[17] qui émerveillèrent l'Afrique. Chez les anciens Grecs et Romains, combien te citerai-je de chefs illustres qui abandonnèrent tout autre soin pour ne plus se soucier que de celui-là ? Chez les Grecs, pour faire court, la plupart des philosophes et des sages qui s'éloignèrent de la folie de la place publique et de la ville pour s'enfermer dans les

13 Allusion au paradis ou au jardin d'Eden.

14 Pour les jardins d'Adonis et d'Alcinoos voir le chap. précédent. Sur le jardin de Tantale, voir Homère, *Odyssée*, XI, 588-592 : pour son supplice Tantale est placé dans un verger dont il ne peut attraper les fruits pour apaiser sa faim ; sur le jardin des Hespérides *cf.* Hésiode, *Théogonie*, 215-216. Il avait des pommes d'or (des coings) qu'Hercule fut chargé de cueillir.

15 Sur les jardins de Cyrus, voir Xénophon, *Économiques*, IV, 12-14 Après ses victoires, Cyrus planta un verger entouré de hauts murs de pisé et jouissant d'un ordre et d'une irrigation remarquables.

16 Sur les jardins suspendus de Sémiramis (Babylone) voir Diodore Siculus, *Histoires*, II, 10 Nabuchodonosor construisit pour son épouse un bâtiment abritant des jardins censés lui rappeler ses montagnes natales. Ce jardin était considéré comme une des sept merveilles du monde.

17 Sur Massinissa, premier roi numide qui fit alliance avec les Romains contre Carthage, voir Polybe, *Histoires*, XXXVI, 16 et Strabon, *Géographie*, XVII, § 15. Selon Strabon, Massinissa fut le premier à civiliser les Numides, les déshabituer du brigandage pour leur enseigner l'agriculture, alors que, jusque là, ils avaient laissé une terre fertile à la merci de bêtes sauvages.

vastes enceintes de leurs jardins[18]. Chez les Romains : je vois déjà dans l'ancienne Rome, le roi Tarquin, se promenant doucement dans son jardin et tranchant la tête des pavots[19] ; j'aperçois Caton le censeur[20] qui s'adonne au jardinage et lui consacre un traité sérieux ; Lucullus, qui s'y repose après ses victoires d'Asie[21] ; Sylla, ayant renoncé à la dictature, y vieillissant agréablement[22] et l'empereur Dioclétien préférant ses légumes et ses laitues de Salone à la pourpre et à tous les sceptres[23]. Le commun des hommes a suivi le jugement des meilleurs car je sais que toutes les âmes simples et dépourvues d'ambition mauvaise ont cultivé ce goût.

Il y a assurément en nous une force innée et cachée, dont il m'est difficile de rendre les causes intimes, qui entraine vers cette jouissance innocente et honorable non seulement nous qui y sommes enclins mais encore les gens sérieux et sévères qui s'en défendent et s'en moquent. Et comme personne ne peut regarder le ciel et les feux éternels sans une crainte cachée et quelque terreur sacrée, nul ne peut regarder les richesses sacrées de la terre et la beauté du Monde d'ici bas[24] sans ressentir quelque excitation silencieuse et un sentiment de joie. Interroge ton esprit et ta pensée : il dira qu'il est saisi par ce spectacle et s'en repaît. Interroge tes yeux et tes sens : ils avoueront ne pas se reposer plus volontiers ailleurs que dans ces tonnelles et ces parterres des jardins. Arrête-toi un peu, je t'en prie, auprès de ces rangées et bouquets de fleurs. Regarde celle-ci sortir d'un calice, celle-là d'une graine, une autre d'un bourgeon ; vois

18 Voir le nom de l'École d'Épicure : le Jardin.

19 Selon Tite Live, *Histoire romaine*, I, 54, Tarquin décapitant des pavots avec une baguette signifie silencieusement à son fils Sextus de mettre à mort les personnages les plus élevés de la cité.

20 Caton le censeur (234-149 av. J.-C.) a rédigé un traité d'agriculture ; il est considéré comme un modèle de vie austère, caractéristique de la république romaine ancienne.

21 Lucius Lucinus Lucullus (115-157) général romain ami de Sylla, rentra à Rome après la guerre contre Mithridate pour y jouir d'une vie fastueuse. Ses jardins étaient situés à l'emplacement actuel de la villa Médicis. On lui attribue l'acclimatation du cerisier d'Asie en Italie. Voir Plutarque, *Vies*, Lucullus, § 78 « on compte les jardins que fit faire Lucullus entre les plus somptueux et les plus délicieux qu'aient les empereurs ».

22 Sylla (138-78 av. J.-C.) chef de file des optimates et opposé à Marius dans la seconde guerre civile, fut nommé dictateur en -82 ; il abdique en -81 et se retire de la vie politique en -79. Il n'eut guère le temps de vieillir en son jardin.

23 Dioclétien (244-311), fut empereur de 284 à 305, date où il abdique pour se retirer sur la côte dalmate, près de Salone.

24 Le monde infra lunaire opposé au monde céleste ou supra lunaire. Le texte joue sur le double sens de *mundus* : le monde et l'ornement, comme en grec *kosmos* qui signifie l'ordre et le monde.

celle-ci mourir soudainement, cette autre renaître ; enfin regarde, dans toutes les espèces de fleurs, leur forme, apparence, de mille façons pareilles et diverses. Quelle pensée serait assez rude pour ne pas s'attendrir et fondre dans une douce méditation ? Porte ici un œil attentif ; fixe le un peu sur ces couleurs éclatantes ; regarde cette pourpre naturelle, ce sang, cet ivoire, cette neige, cette flamme, cet or : tant de couleurs que le pinceau de l'artiste peut chercher à imiter, à imiter dis-je, mais sans l'égaler. Enfin, quel parfum s'exhale ? Cet effluve pénétrant ? Je ne sais quelle part de l'éther céleste émane d'en haut. Ce n'est pas sans raison que nos poètes ont imaginé que la plupart des fleurs étaient nées du suc ou du sang des dieux immortels[25]. C'est vraiment une source de joies qui nous inonde de plaisirs ! O séjour des Amours et des Grâces ! Que ma vie et mon repos se passent dans vos ombrages ; qu'il me soit permis de flâner à l'écart loin du tumulte des villes, parmi ces herbages et ces fleurs du monde connu et inconnu[26], avec un œil joyeux et admiratif, et de porter main et visage tantôt vers celle qui meurt et tantôt vers celle qui s'ouvre et, dans une vague rêverie, d'échapper ici à tous les travaux et soucis.

CHAP. III

Dispute contre les maniaques qui abusent des jardins par vanité et paresse. Leur véritable usage : ils conviennent aux sages et aux doctes ; la sagesse elle-même s'y forme et s'y élève.

Comme j'avais parlé avec trop de vivacité, la voix et le visage enflammés, Langhe me répondit d'une voix indulgente : assurément, tu l'aimes, Lipse, cette nymphe fleurie et pourprée mais je crains que tu ne l'aimes plus qu'il ne faut. Tu loues les jardins mais c'est pour y admirer des choses pour la plupart vaines et étrangères et tu en omets leurs joies véritables et légitimes. Tu regardes avidement les couleurs, tu te reposes dans les parterres et tu recherches les fleurs venues du monde connu et

25 Plus généralement dans la mythologie grecque, les fleurs étaient censées naitre du sang de héros : *cf.* Narcisse, Hyacinthe…

26 On peut penser ici à la différence entre les fleurs de l'Europe et celles du Nouveau Monde.

inconnu. Pourquoi, je te le demande ? Pour que je sache que tu appartiens à cette secte, née de nos jours, d'hommes mal à propos maniaques et oisifs, qui ont fait de la chose la plus simple et la meilleure, l'instrument de deux vices, la vanité et l'hébétude[27]. C'est pour cela qu'ils ont des jardins. Ils acquièrent par calcul des plantes et des fleurs exotiques. Une fois qu'ils les ont obtenues, ils les choient et en prennent soin avec plus d'inquiétude qu'une mère son enfant. Leurs lettres courent la Thrace, la Grèce, l'Inde, et cela pour de petites graines ou un bulbe[28] ; ils éprouvent plus de chagrin à la mort d'une fleur nouvelle qu'à celle d'un vieil ami. On a ri de ce romain qui prit le deuil de son poisson[29] ; eux, c'est pour une plante[30]. Si l'un de ces amoureux de Flore a trouvé quelque fleur rare ou nouvelle, comme il le montre ! Que d'émulation et d'envie chez ses rivaux, dont plus d'un rentre chez lui plus triste que jadis Sylla ou Marcellus, vaincus dans l'élection à la préture[31]. Que dire ? Que c'est une sorte de folie ridicule : bien semblable à celle des petits enfants qui se disputent et se battent pour leurs poupées et leurs jouets. Mais regarde encore leur activité dans ces jardins : ils s'assoient, ils se promènent tout autour, ils baillent, dorment, et puis c'est tout. Si fait qu'ils n'ont pas là la retraite de leur loisir[32] mais le sépulcre de leur paresse.

Race profane ! À bon droit je l'éloigne des mystères du véritable jardin secret que je sais né pour un plaisir modeste et non pour la vanité, pour le repos non pour l'hébétude. Suis-je si léger qu'une herbette un peu rare, acquise ou perdue, me transporte ou me déprime ? J'estime les choses à leur prix et, laissant de côté cette séduction de la nouveauté, je sais que ce sont des plantes, je sais que ce sont des fleurs, c'est-à-dire des choses fugaces et brèves desquelles le prince des poètes a fort bien dit :

Le zéphyr, d'un souffle les fait naître, d'un autre les fait mourir[33].

---

27 *Torpor* employé ici est beaucoup plus fort qu'*ignavia* la paresse qu'on trouve dans le sous titre.

28 Il est possible que Lipse fasse ici de l'auto ironie puisqu'il a participé à la tulipomanie qui donna lieu à une bulle spéculative au milieu du XVIIe siècle. La tulipe fut introduite en Hollande en 1590 ; à la fin du XVIe siècle, on vit apparaître plus d'une centaine de variétés ainsi que de nouvelles fleurs, muflier, jacinthe, lilas, et en 1593 fut fondé à Leyde *l'hortus academicus* avec pour professeur Charles de l'Ecluse. Dans le tableau *Les quatre philosophes* de Rubens, Lipse est représenté à côté d'un vase de tulipes.

29 Hortensius pour la mort d'une murène. Pline, *Histoire naturelle*, IX, 81.

30 Dans l'échelle des êtres la plante est inférieure au poisson comme le végétal à l'animal.

31 Voir Plutarque, *Vies*, Sylla, § 6.

32 Ce loisir ne doit pas être paresseux mais propice à la méditation.

33 Homère, *Odyssée*, VII, 119.

Je ne méprise pas ces délices et ces charmes – comme tu peux t'en rendre compte – mais je diffère de ces Hortensius efféminés[34] en ce que, sans souci, je les acquiers, sans souci, je les possède, sans souci, je les perds. Je ne suis pas assez flétri, bien plus assez mort, pour me cacher et m'ensevelir dans les ombres des jardins. Je trouve même de l'occupation dans ce loisir ; ici mon esprit agit dans l'inaction et travaille sans labeur[35].

On a dit : *je ne suis jamais moins seul que quand je suis seul ; jamais moins oisif que dans l'oisiveté*[36]. Admirable propos et, oserais-je dire, né dans ces jardins, car ils sont préparés pour l'esprit, non pour le corps, pour recréer l'un, non pour détendre l'autre, pour offrir une retraite salutaire loin des troubles et des soucis. Les hommes t'ennuient ? Ici tu seras à toi. L'activité t'a épuisé ? Ici tu retrouveras ta vigueur, là où l'esprit se nourrira du repos et la pureté de l'air t'insufflera comme une nouvelle vie.

Vois tu les anciens sages ? Ils ont habité dans des jardins. Les érudits et les doctes d'aujourd'hui ? Ils aiment les jardins et c'est là qu'ils ont forgé tant d'écrits divins que nous admirons et que ni la suite des temps ni le vieillissement n'abolira. Nous devons tant de dissertations sur la nature au verdoyant Lycée et sur les mœurs à l'Académie ombragée[37] ; c'est des allées des jardins que se sont écoulés ces riches ruisseaux de sagesse qui nous ont abreuvés et se sont répandus sur toute la terre d'une inondation féconde[38]. Tout comme ton esprit se dresse et s'élève davantage vers les hauteurs lorsque, délivré et libre, il voit son ciel que lorsqu'il est tenu enfermé dans les prisons des chambres et des villes[39]. Ici, vous, les poètes, composez moi quelque chant qui durera ; ici, vous, les écrivains, méditez et écrivez ; ici, vous, les philosophes, disputez de la tranquillité de l'âme, de la constance, de la vie et de la mort[40]. Voilà, Lipse, la véritable utilité et la fin des

34 *Cf.* plus haut l'épisode de la murène.

35 Jeu de mots : *Sine actione agat, sine labore elaboret.*

36 Cicéron, *Des devoirs*, III, 1, 1 citant Publius Scipion, cité par Caton ; Cicéron ajoute « cela veut dire que, dans le loisir, il pensait aux affaires et dans la solitude il s'entretenait avec lui-même si bien qu'il ne s'arrêtait jamais et savait parfois se passer de la conversation avec autrui ; et ainsi le loisir et la solitude, ces deux choses qui rendent tout le monde paresseux, ne faisaient que lui aiguiser l'esprit ».

37 Le lycée est l'école d'Aristote et l'Académie celle de Platon.

38 Sur le modèle des inondations du Nil.

39 Thème platonicien ; *cf.* l'allégorie de la caverne.

40 Thèmes des traités de Sénèque : *cf. De la tranquillité de l'âme, De la constance, De la brièveté de la vie.*

jardins : le loisir, dis-je, la retraite, la méditation, la lecture, l'écriture, et tout cela cependant, comme par récréation et par jeu. Comme les peintres, quand leurs yeux sont fatigués par une attention soutenue, les reportent sur des miroirs et de la verdure[41], ainsi reportons nous ici notre esprit fatigué ou égaré.

Pourquoi te cacherais-je mon mode de vie ? Vois-tu cette tonnelle, œuvre du jardinier ? C'est pour moi la demeure des Muses, la palestre et le gymnase[42] de ma sagesse. Ici, tantôt j'emplis mon cœur d'une lecture sérieuse et secrète, tantôt je l'ensemence de germes de bonnes pensées. Comme on met en réserve des armes dans un arsenal, je réserve dans mon esprit les préceptes que j'en ai tirés ; ils me serviront vite contre la violence et la variation de la fortune. Chaque fois que j'y pénètre, j'ordonne à tous ces soucis vils et serviles de sortir et, levant la tête autant que je peux, je regarde de haut les occupations de la plèbe profane et cette grande vacuité des choses humaines. Il me semble que je me dépouille de l'homme même et que je suis ravi dans le ciel par le quadrige de feu de la sagesse[43]. Penses tu que je m'inquiète alors de ce qui agite les Français ou les Espagnols[44] ? De savoir qui tient ou a perdu le sceptre en Flandre ? Si le tyran d'Asie[45] nous menace sur terre ou sur mer ? Ou enfin

De ce que, sous le septentrion glacé, médite le roi du grand nord[46] *?*

Rien de tout cela. Enclos et protégé contre l'extérieur, je demeure en moi-même ; délivré de tous les soucis sauf un, celui de soumettre à la droite raison et à Dieu cet esprit brisé et dominé et, à cet esprit, le reste des choses humaines. Pour que, lorsque viendra pour moi le jour de ma mort, je la reçoive d'un visage bien disposé et sans affliction[47] et que je quitte cette vie non comme un banni mais comme un émissaire.

---

41 Ce thème vient de l'*Histoire naturelle* livre XI de Pline.

42 Au sens de lieu d'exercice.

43 On peut penser ici à l'attelage ailé du *Phèdre* (mais qui n'est pas de feu) ou au char du soleil. Le feu est, chez les Stoïciens, l'élément constitutif de la raison.

44 Celtes (Les Français) et Celtibères qui désigne, chez les géographes grecs, des tribus celtes de l'ouest de l'Espagne. Français et Espagnols ont tout à tour envahi la Flandre et se sont disputé les Provinces de la Belgique et des Pays Bas actuels.

45 Les Turcs.

46 Horace, *Odes*, I, 26, 3-4.

47 On peut penser ici à une réflexion analogue chez Montaigne : « Que la mort me trouve plantant mes choux mais nonchalant d'elle et encore plus de mon jardin imparfait » *Essais* I 20 « Philosopher c'est apprendre à mourir ».

Voilà ce que je rumine dans mon jardin, Lipse, voilà les fruits que je n'échangerais pas, tant que ma pensée sera saine, contre tout le trésor[48] de la Perse ou des Indes.

CHAP. IV

Exhortation à la sagesse : c'est par elle qu'on parvient à la constance. Sérieux avertissement à la jeunesse d'unir les études sérieuses de la philosophie avec des études plus libérales et plaisantes.

Voilà ce que m'avait dit Langhe et, après ce discours si ferme et si élevé, il m'avait, je l'avoue, plongé dans la stupeur. Je m'en arrachai cependant pour dire : O que tu es heureux dans le loisir comme dans le travail ! O vie à peine humaine chez un homme ! Qu'il me soit permis de l'imiter en quelque point et d'avancer lentement sur tes traces, même si c'est de loin.

Langhe, me corrigeant : M'imiter ? Bien plus, me dépasser ; tu n'as pas seulement le droit de suivre mais celui de me dépasser. Je suis bien peu avancé sur ce chemin de la constance et de la vertu et je n'égale pas les hommes bons et forts mais je suis, peut-être, un peu plus ferme que ceux qui sont misérablement faibles et méchants. Mais toi, dont le caractère est vigoureux et élevé, ceins tes reins et, sous ma direction, avance sur cette voie qui conduit tout droit à la fermeté et à la constance. Cette voie dont je parle, c'est la Sagesse ; n'hésite pas à marcher sur cette trace unie et tranquille, je te le conseille et t'en prie. Tu as aimé jusqu'à ce jour les lettres et les neuf déesses[49] ? Soit ! Car je sais qu'il faut d'abord cultiver et préparer l'esprit par ce savoir extérieur et plus agréable *car, avant de l'avoir acquis, il n'est pas prêt à recueillir les semences divines*[50] mais je ne veux pas que tu t'y attaches et que tu en fasses ta seule étude, ta proue et ta poupe comme on dit[51]. Ce doit être notre apprentissage, non pas notre œuvre, le chemin et non

48 *Gaza*, mot perse qui désigne le trésor royal.

49 Les neuf muses.

50 Augustin, *de ordine*, I (note de Lipse), 2, 4.

51 *Prora et puppis* : le début et la fin du navire ; adage cité par Érasme qui lui donne comme équivalent l'alpha et l'oméga pour désigner l'essentiel de nos préoccupations.

le but. Si tu étais assis à un banquet, tu ne gouterais pas seulement, je crois, les friandises et les gâteaux, mais tu donnerais à ton estomac le soutien d'une nourriture plus solide ; pourquoi ne pas faire de même dans ce banquet des savoirs ? Pourquoi, dis-je, ne pas ajouter au miel[52] des orateurs et des poètes, les mets plus consistants de la philosophie ? Je ne veux pas que tu les désertes (ne me fais pas silencieusement un faux procès) mais que tu y ajoutes la sagesse et que tu tempères les nymphes relâchées et vagabondes par un Bacchus plus sévère. C'est à juste titre qu'on rit, chez Homère[53], de ces prétendants qui, après avoir abandonné Pénélope, se tournent vers les servantes ; prends garde qu'il n'en aille de même pour toi : ne sois pas épris des servantes en délaissant la maitresse. Quel homme savant ! C'est un bel éloge. Mais meilleur encore : Quel homme sage ! Et le meilleur est : Quel homme bon ! Recherchons-les tous trois et, par tant de travaux, ne visons pas seulement le savoir mais la sagesse et l'action :

Le savoir n'est rien si l'on n'y joint l'intelligence[54].

À dit un ancien vers qui dit vrai.

Combien, aujourd'hui, dans notre assemblée de savants[55], se déshonorent et diffament le nom des Lettres ? Les uns, chargés de scandales et de crimes, la plupart parce qu'ils sont vains, légers, instables[56], incapables de toute occupation sérieuse. Ils apprennent des langues ? Mais ils n'apprennent que les langues. Comprennent-ils les écrits grecs et latins ? Mais ils ne font que comprendre et, comme Anacharsis a dit jadis des Athéniens, *ils ne se servent de la monnaie que pour compter*[57], ainsi ne font-ils de la science que pour savoir. Ils n'ont pas souci de leur vie et de leurs actions, ce qui fait que le peuple a quelque raison, à mon avis, de si mal estimer les Lettres, comme si elles enseignaient de mauvaises mœurs. Mais elles enseignent la vertu si on en use bien. Qu'on y joigne la Sagesse à laquelle les Lettres doivent préparer notre esprit sans le retenir ou se l'approprier. Comme certains arbres ne portent de

52 Le miel est un composant essentiel des desserts chez les Anciens.

53 Homère, *Odyssée*, XX, 318-319.

54 Le savoir traduit *mathesis* et l'intelligence traduit *Nous*. Ménandre, *Sentences*. Cela rappelle le *Science sans conscience n'est que ruine de l'âme* de Rabelais.

55 Le latin dit « orchestre des Muses ».

56 En grec *météôroï*, dans le texte. Le traducteur de 1597 traduit « faiseurs de châteaux en Espagne ».

57 Athénaeus, *Deipnosophistes*, IV, 159c.

fruits que s'ils sont plantés auprès d'autres plants mâles, de même tes vierges si elles ne sont unies à la force virile de la Sagesse[58]. Pourquoi corriger Tacite[59] si ta propre vie n'est pas amendée ? Pourquoi éclairer Suétone[60] quand tu erres dans les ténèbres ? Tu effaces soigneusement les fautes et les corruptions des textes de Plaute alors que tu supportes que ton esprit soit couvert de crasse et d'écailles ? Passe donc à de meilleures occupations et acquiers un savoir qui ne te soit pas d'apparence et de parade, mais d'usage. Tourne toi vers la sagesse qui corrige tes mœurs, qui apaise et éclaire un esprit troublé et vil. C'est elle qui peut imprimer en toi la vertu, fournir la constance, elle seule qui t'ouvrira le temple de la Raison[61].

CHAP. V

La sagesse s'acquiert par l'effort, non par des souhaits.
Retour au discours sur la constance.
Le désir d'apprendre est un bon signe chez les jeunes gens.

Je ne cachais pas l'ardeur que m'avait insufflé cet avertissement. Mon vieil ami, dis-je, je te suis de cœur mais à quand les actes ? Quand viendra le jour où, dégagé de ces soucis, je m'établirai dans le sillage de la vraie sagesse ? Où elle me conduira à la constance ?

Langhe, d'un air de blâme : comment, des souhaits plutôt que des actes ? Ce sont des manières vulgaires et tout à fait vaines. Il n'en va pas comme de ce Caenis de la fable[62] qui, de fille devint garçon par un

58 Dans le néostoïcisme, les métaphores de la virilité sont fréquentes pour désigner la constance et plus généralement la sagesse.

59 Allusion aux érudits, dont Lipse, qui donnent des éditions corrigées. *Emendatus* employé juste après est le terme qui désigne une nouvelle édition corrigée. En 1572 Lipse s'est déjà fait connaître par ses commentaires de Tacite, Suétone et Plaute.

60 En latin *Tranquillus* : C. Suetonius Tranquillus.

61 En latin *bona mens* qui, au XVIe et XVIIe désigne le bon sens ou la faculté de juger.

62 Caeneus, Kaïnis en grec, était la fille du Lapithe Elatus ; elle fut séduite par Poséidon qui la changea en homme et elle devint sous le nom de Kaïneus, roi des Lapithes. Ovide, *Métamorphoses*, XII, 171-209. On appréciera le parallèle femme/homme = insensé/sage. La sagesse chez les néostoïciens (à la différence des Anciens) est toujours rapportée à la virilité et la position de l'insensé à la féminité.

vœu, ainsi toi, tes souhaits te feraient passer d'insensé à sage, de léger à constant ? Il faut y ajouter le travail et y mettre les mains, comme on dit, avec Minerve[63]. Cherche, lis, apprends.

Et moi d'insister : Je le sais bien Langhe, mais toi aussi, s'il te plait, aide moi et renoue le fil du propos d'hier qu'une invitation malvenue a cassé. Reviens à la constance ; ce serait un sacrilège de différer le sacrifice interrompu.

Langhe, refusant d'un léger signe de tête : que je m'enferme encore dans cet exercice ? Je ne le ferai pas, Lipse, en tout cas pas en ce lieu que tu dois savoir consacré à mon loisir et non aux choses sérieuses. Plus tard, ailleurs, nous reprendrons cette discussion.

Non, maintenant ! Et quel lieu serait plus propice à cette sage conversation que ce séjour de ta Sagesse ? Je veux dire cette tonnelle qui pour moi est comme un temple et en dessous, cette petite table comme un autel. Asseyons-nous là et accomplissons selon le rite nos dévotions à cette déesse. Enfin je perçois d'elle un présage favorable.

Lequel ?

Celui-ci : comme ceux qui se sont assis dans une boutique d'aromates et de parfums emportent avec eux sur leurs vêtements l'odeur du lieu, j'espère ainsi que quelque souffle de sagesse s'accrochera à mon esprit en provenance de cette officine.

Langhe se mit à rire : je doute fort du poids de ce léger présage mais allons cependant, Lipse. Je ne cache pas que ton ardeur naïve m'excite et me réchauffe. Comme les sourciers, quand ils voient le matin un léger souffle sortir de terre, y voient un indice d'eaux cachées, moi aussi je conçois l'espoir d'une source abondante de vertus quand brille et se manifeste chez un jeune homme un tel désir d'apprendre. À ces mots il me conduisit à la tonnelle, m'y fit entrer et s'assit à la table.

Je me tournai vers les domestiques : Hé vous, restez là, observez et d'abord gardez cette porte fermée. Entendez-vous ? Il y va de votre vie si quelque vivant entre ici. Je ne veux voir entrer ni homme, ni chien, ni femme[64] et pas même, si elle venait, la bonne Fortune en personne. Cela dit, je m'assis.

---

63 *Cum Minerva manum quoque movet* adage d'Érasme, I, 6, 18. Cet adage, ajoute Érasme, enseigne à ne pas oublier de travailler en faisant confiance à l'aide divine (*Monet adagium ne fiducia divinae opis industriam remittamus*). Voir en français : « Aide toi, le ciel t'aidera ».

64 Lipse avait mis à l'entrée de son jardin une pancarte interdisant l'entrée à toute femelle, femme ou chienne.

Langhe riant aux éclats : As tu donc jamais porté le sceptre pour que tes ordres soient à ce point impérieux et sévères ?

Non, dis-je, mais j'ai le droit de prendre mes précautions contre l'infortune d'hier. Toi, poursuis, avec l'aide de Dieu.

CHAP. VI

Troisième argument en faveur de la constance, tiré de son utilité. Les malheurs sont bons, si on considère leur origine et leur fin. Ils tirent leur origine de Dieu qui est éternel et immuablement bon et ne peut donc être cause d'aucun mal.

Langhe, ayant quelque peu médité, commença ainsi. Je ne m'éloignerai pas sans constance, Lipse, du discours que j'ai hier commencé sur la Constance : je suivrai le même ordre et je me tiendrai dans les limites établies une fois pour toutes. Comme tu sais, j'ai annoncé quatre arguments, comme quatre bataillons qui combattent pour la constance, contre la douleur et l'abattement. Je t'ai déjà avancé les deux premiers qui se tirent de la providence et de la nécessité[65]. Je t'ai suffisamment enseigné que les maux publics sont envoyés d'en haut et de Dieu, et aussi qu'ils sont nécessaires et que nulle fuite ne les peut éviter.

Je disposerai donc maintenant le troisième bataillon que l'utilité commande et en lequel se trouve une légion que j'appellerai à juste titre « légion adjuvante[66] ». Si tu l'inspectes, c'est un bataillon efficace et rusé car il se glisse et s'insinue dans les esprits, je ne sais comment et, par une certaine force caressante, les vainc sans les forcer. Il s'insinue plus qu'il n'envahit[67], il persuade et ne contraint pas, et nous nous laissons aussi facilement conduire par l'utilité que trainer par la nécessité.

C'est lui que j'oppose maintenant à tes troupes amollies. Car ils sont utiles, ces maux publics que nous supportons, et liés à notre profit et avantage interne. Des maux vraiment ? Plus véritablement des biens si, une fois enlevé ce voile d'opinions, tu tournes les yeux vers leur origine et

65 *Cf.* I, 13-17.

66 Sous l'empire, la *legio adjutrix* était constituée par l'infanterie de marine.

67 Allitération *Irrepit potius quam irrumpit.*

leur fin. Celle là vient du bien, celle-ci va au bien. Assurément, l'origine de ces malheurs vient de Dieu, (je l'ai assez dit et enseigné hier), c'est-à-dire non seulement du Souverain Bien lui-même mais de l'auteur, le chef et la source de tous les biens. Il n'est pas davantage possible qu'un mal quelconque émane de lui qu'il ne soit lui-même mauvais. Cette force n'est que bienfaisante et salutaire. Elle rejette aussi bien le fait d'offenser que d'être offensée et son unique et suprême puissance est d'être utile. C'est pourquoi même les Anciens, amis des ténèbres, lorsqu'ils ont forgé le concept de cette divinité, l'ont correctement appelée Jupiter, à partir du verbe aider[68]. Et toi, tu penses vraiment qu'il s'irrite, se met en colère et punit le genre humain en lançant ces traits ? Tu te trompes. La colère, la vengeance, la punition, sont les noms d'affects humains nés de la faiblesse et qui conviennent aux faibles. Mais cette pensée demeure éternellement dans sa bienveillance et ces choses désagréables qu'elle nous suggère ou nous impose sont comme des médicaments, désagréables au sens, mais en réalité salutaires. L'Homère des philosophes[69] a fort bien dit : « *ho de théos mèden kakon poïeï, oud'an tinô eïè kakou aition* Dieu ne fait pas de mal et ne peut donc être cause d'aucun mal ». Et mieux encore et plus énergiquement, notre Sage[70] : « Pour quelle raison les dieux font-ils le bien ? Par nature. C'est une erreur de penser qu'ils ne veulent pas nuire, ils ne le peuvent pas ; il leur est aussi impossible de recevoir des torts que d'en faire[71]. [...] Le premier culte des dieux est de croire qu'ils existent, ensuite d'honorer leur majesté, leur bonté sans laquelle il n'est pas de majesté. Savoir que ce sont eux qui président au monde, qui règlent toute chose comme leur, qui assurent la protection du genre humain, soucieux de chacun en particulier. Ils ne font pas de mal et n'en subissent point[72] ».

68 Selon Aulu-Gelle, « les anciens Latins ont fait dériver *Jovis* de *juvare* (aider) auquel ils joignent le nom de *pater* (père) car *Jovis pater* est le mot complet dont Jupiter n'est qu'une abréviation ». *Nuits attiques*, V, 12, 4.

69 Platon, *République* II 379b ; Lipse cite la phrase en grec puis la traduit en latin.

70 Sénèque (*cf.* plus haut, I, 18, *Seneca noster*) *Ep.* XV, 95 § 49-50.

71 Sénèque, *De la colère*, II, 27, § 1.

72 Énoncé de ce qui deviendra plus tard le credo minimum de la religion naturelle.

CHAP. VII
La finalité des malheurs est toujours dirigée vers le bien même si, souvent, ils sont l'œuvre d'hommes nuisibles et sont faits pour nuire. Mais Dieu tempère et brise leur force. Ils tournent tous à notre utilité; pourquoi Dieu se sert en cela des œuvres des méchants.

Dans leur origine, donc, les malheurs sont bons ; je dis qu'il en va de même de leur fin, car elle est toujours dirigée vers le bien et le salut. Tu te tais mais tu n'es pas d'accord avec moi, je le sais : comment, diras tu, ces guerres et ces malheurs n'ont-ils pas clairement pour objectif de léser et de nuire ? Effectivement, j'en conviens, si tu considères les hommes mais non pas Dieu.

Pour que tu le comprennes nettement et complètement, j'ai besoin de l'éclairer par une distinction. Les calamités divines sont doubles : les unes simples ; les autres mixtes. J'appelle *simples celles qui viennent purement et simplement de Dieu sans aucune intervention de la main ou de l'esprit de l'homme* ; mélangées, *celles qui viennent bien de Dieu mais sont mises en œuvre par les hommes.* Les premières sont : la famine, la sécheresse, les tremblements de terre et les glissements de terrain, les inondations, les maladies, la mort. Les secondes : les tyrannies, les guerres, les violences, les massacres[73]. Dans les premières, tout est pur et clair parce qu'ils proviennent de cette source très pure. Dans les secondes, je ne nierai point qu'il n'y ait quelque souillure mêlée parce qu'ils découlent et proviennent de ce canal impur des passions. L'homme intervient en eux : comment s'étonner s'il y a là crime et péché ? Il faut plutôt s'étonner du fait que la bienveillance divine est si providentielle qu'elle tourne ce crime même à notre salut et ce péché en bien.

Tu vois ce tyran qui ne respire que menaces et massacre ? Dont c'est le plaisir de faire du mal ? Qui choisit de mourir pourvu qu'il cause la ruine. Laisse, il s'écartera de son projet et sans qu'il le sache ni ne le veuille, Dieu, par un lien caché, le mène où il veut. Comme la flèche atteint le but du tireur sans en avoir conscience, ainsi en va-t-il de ces impies. Cette force suprême bride et contraint toute force

73 Ces divers points seront examinés dans les chap. XI pour la mort puis XXI-XXV.

humaine et dirige les pas de ces égarés vers une fin salutaire. Il en va comme dans une armée où les soldats sont poussés par diverses passions : l'un par le butin, un autre par la gloire, un autre par la haine, et tous combattent pour la victoire et pour le Prince ; de même, toutes ces volontés, bonnes et mauvaises, combattent pour Dieu et, à travers ces diverses fins, toutes cependant en viennent à celle que j'appelle la fin des fins.

Mais pourquoi Dieu se sert-il des œuvres des méchants ? Pourquoi n'inflige-t-il pas lui-même ces calamités qui sont bonnes ou, du moins, ne le fait-il pas par l'intermédiaire des bons ? Ah mon ami, tu fais preuve de trop de curiosité. Je ne sais pas si je débrouillerai ces mystères ; ce que je sais, c'est qu'il y a bien une raison de son action, même si elle nous échappe. Et qu'y a-t-il là d'étonnant ou de nouveau ? Le gouverneur de province punit un criminel selon la loi : il le fait faire par un bourreau ou un licteur[74]. Dans une grande famille, parfois le père châtie lui-même son fils ou bien confie cette mission à un serviteur ou au pédagogue. Pourquoi Dieu n'aurait-il pas le même droit ? Pourquoi, quand il le juge bon, ne nous frapperait-il pas de sa main et, quand il en juge autrement, de la main d'un autre ? Il n'y a là rien d'injuste ni de mauvais. Ce serviteur est irrité contre toi ? Il aime faire mal ? Cela ne compte pas ; laisse cela de côté et vois qui commande. Le père sera certainement présent pour contrôler ; il ne permettra pas d'ajouter une chiquenaude à ce qu'il a prescrit.

Mais pourquoi, cependant, le péché y est-il mêlé, le venin des passions attaché à ces flèches divines ? Tu m'appelles à grimper une montagne rude et escarpée que je m'efforcerai pourtant de gravir. Pour montrer sa sagesse et sa puissance, Dieu a préféré (selon Augustin[75]) *faire du bien à partir du mal plutôt que de ne permettre aucun mal.* Qui, en effet, est meilleur ou plus sage que celui qui peut tirer un bien d'un mal et

---

74 En latin *Brutianus* : Les Bruttiens, habitants du Bruttium (actuelle Calabre), prirent le parti de Carthage dans la seconde guerre punique. Après la défaite d'Hannibal, ils furent déclarés indignes de servir dans les légions romaines et réduits aux fonctions de messagers ou de serviteurs publics. Dans les *Nuits attiques* (X, 3) Aulu-Gelle écrit : « les Romains les déclarèrent indignes de servir dans les légions, de porter le titre d'alliés et décidèrent qu'ils serviraient comme esclaves des gouverneurs de province. Les Bruttiens suivaient donc les magistrats, ils garrottaient et frappaient ceux qui leur étaient désignés ». Le terme équivaut donc à celui de bourreau.

75 Augustin, *Enchiridion*, 27.

tourner au salut ce qui a été donné pour la perte ? Tu loues le médecin qui mélange le venin de la vipère à la thériaque[76] pour un effet très salutaire ; pourquoi, dans le cas de Dieu, réprouves tu qu'il compose ce médicament des calamités avec des dommages pour les hommes, sans dommage pour toi ? Il est certain qu'il cuit et consume par le feu secret de sa providence tout ce poison ajouté. Bref, c'est pour montrer sa puissance et sa gloire qu'il le fait, auxquelles, nécessairement, il rapporte toutes choses. Sa force se fait voir d'autant plus que non seulement il vainc les ennemis qui lui résistent mais qu'il les vainc de sorte qu'il les ramène à lui et à son camp, qu'ils combattent pour lui, qu'ils portent les armes pour sa victoire. Ce qui arrive tous les jours puisque la volonté de Dieu s'accomplit dans les méchants, même si ce n'est pas par les méchants, puisque ce que les hommes mauvais font contre sa volonté, il le fléchit de sorte que cela ne se fait pas cependant à l'encontre sa volonté. Et peut-il y avoir miracle plus insigne que celui ci : *des méchants rendent bons des méchants*[77] ? Allons : avance un peu, toi, César ; va et foule aux pieds d'un seul coup les deux noms sacrés de gendre et de patrie[78]. Ton ambition servira Dieu sans que tu le saches, bien plus elle servira la patrie contre laquelle elle a été menée ; elle sera la restauration et le salut de l'État romain. Toi, Attila, vole du bout du monde, assoiffé de sang et de rapine, pille, tue, brûle, dévaste ; cette cruauté combattra pour Dieu ; elle réveillera des chrétiens plongés ou plutôt ensevelis dans les jouissances et les vices[79]. Et vous, les deux Vespasiens[80] ? Détruisez la Judée et les Juifs, prenez et faites tomber la ville sacrée[81], à quelle fin ? Pour votre gloire et pour étendre l'empire ? Vous vous trompez ; en réalité, vous êtes les licteurs et les auxiliaires de la vengeance divine

---

76 Anti poison qui comprenait du venin de vipère.

77 Boèce, *Consolation de la philosophie*, IV, 6, § 50. Toute cette page est fortement inspirée de ce chapitre de Boèce.

78 Jules César, voir Plutarque *Vies*, et la guerre civile à Rome en 49 entre César et Pompée le grand, son gendre, époux de sa fille Julia.

79 Attila, roi des Huns, fit la guerre contre Constantinople puis la Gaule dans la première moitié du Ve siècle. Grégoire de Tours puis Isidore de Séville (*Histoire des Goths...*) le considèrent comme l'instrument de la colère divine : « Les Huns sont le bâton de la fureur de Dieu. Chaque fois que la colère de Dieu s'abat sur les fidèles, c'est par eux qu'ils sont frappés ».

80 Vespasien (empereur de Rome de 69 à 79) et Titus son fils, (empereur de 79 à 81) firent la guerre (66-73) contre les Juifs rebelles. *Cf.* Flavius Josèphe, *Guerre des Juifs* 7 ; Suétone, *Vies des douze Césars*, Vespasien IV et Titus V 2.

81 Destruction de Jérusalem en 70.

contre une nation impie. Allez, et vous qui, peut-être, à Rome, avez frappé à mort des chrétiens, venez venger en Judée la mort du Christ[82].

De tout temps on raconte de tels exemples où Dieu a exercé sa volonté bonne par l'intermédiaire des désirs mauvais des uns et a fait paraître par l'injustice des autres, la justice de ses jugements. Aussi, admirons, Lipse, cette force cachée de la sagesse et ne la scrutons pas. Sachons que toutes les calamités sont bonnes à la fin, même si notre esprit aveugle ne le voit pas ou, trop lent, n'y parvient pas. Souvent leurs fins véritables nous sont cachées ; elles parviendront là cependant sans que nous le sachions, tout comme ces fleuves qui, dérobés aux regards et cachés sous la terre, n'en vont pas moins jusqu'à leur mer.

CHAP. VIII

Plus distinctement, ces fins sont triples. À qui s'adressent-elles et avec quoi ? Plus largement que l'exercice profite aux bons de plus d'une façon : il les renforce, les met à l'épreuve et les fait progresser.

S'il m'est permis de déployer les voiles et de pousser plus au large mon navire dans ce chenal des affaires divines ; je pourrai peut-être avancer, sur ces finalités, quelque chose de plus explicite et plus distinct. Je citerai d'abord à bon escient ce vers d'Homère :

Si je puis le faire ou si cela se peut faire[83].

Parmi ces fins, il y en a qu'il me semble pouvoir remarquer et comprendre assez certainement et d'autres que je ne perçois que de façon ambiguë et confuse.

Dans les certaines, il y en a trois : l'exercice, la correction, la punition[84]. Si tu y fais attention, le plus souvent ces malheurs sont envoyés ou pour

---

82 Dans les premières éditions Juste Lipse avait encore écrit : « Vous enfin duc d'Albe, que prétendez vous avec votre politique cruelle ? Affermir l'autorité du roi et celle de votre nation sur la Flandre ? Vous aussi, vous vous trompez ; vous n'êtes que le fléau et le correctif de la dissolution des Flamands : nous n'avons apprécié le bonheur dont nous jouissions qu'après avoir subi les rigueurs de votre tyrannie ». Cette phrase a été supprimée en 1599 après la réconciliation avec l'Espagne.

83 Homère, *Odyssée*, V, 90.

84 L'exercice fait l'objet du chap. VIII, la correction du chap. IX et la punition du chap. X.

exercer les bons ou pour corriger ceux qui tombent ou pour punir les méchants, et tout cela pour notre bien. Pour bien élucider cela et insister quelque peu sur cette première fin : ne voyons-nous pas, chaque jour, les meilleurs être personnellement affligés de malheurs ou y être plongés, à égalité avec les méchants ? Nous le voyons et nous en étonnons, soit que nous n'en saisissions pas assez la cause ou ne considérions pas la fin. La cause en est l'amour de Dieu pour nous, non sa haine, la fin, notre profit et non notre préjudice. Il ne nous aide pas d'une seule façon en cet exercice mais il renforce, met à l'épreuve, fait progresser.

Il nous renforce parce que c'est comme un gymnase dans lequel Dieu forme les siens à la force d'âme et à la vertu. Nous voyons bien les athlètes s'entraîner[85] par plusieurs exercices difficiles pour gagner, admets qu'il en va de même pour nous dans cette palestre des malheurs. Notre gymnaste et entraîneur est rude ; il exige travail et d'endurance[86] et nous fait suer sang et eau. Tu penses qu'il traite les siens avec douceur ? Qu'il les tient au chaud par les délices et le luxe ? Non. Ce sont les mères qui généralement corrompent et affaiblissent leurs enfants en leur offrant des douceurs tandis que les pères les préservent en leur offrant des choses désagréables. Lui, est un père pour nous ; aussi nous aime-t-il véritablement et sévèrement. Si tu veux être marin, tu te formeras dans les tempêtes ; si tu veux être soldat, par les dangers ; si tu veux être un vrai homme[87], pourquoi récuser les afflictions ? Il n'y a pas d'autre voie vers la force d'âme. Ne vois tu pas ces corps languissants, toujours à l'ombre, que le soleil a rarement vus, que le vent n'a pas secoués, que l'orage n'a pas effleurés ? Tels sont les esprits de ces gens mous, perpétuellement heureux, que le moindre souffle d'une fortune adverse suffit à renverser et à défaire. Ainsi les malheurs fortifient ; tout comme les arbres agités par le vent poussent plus profond leurs racines, ainsi les bons, poussés quelquefois par les vents de l'adversité, empoignent davantage la vertu.

Mais les malheurs mettent à l'épreuve aussi. Parce que, autrement, comment serait-on assuré de notre fermeté et de nos progrès ? Si le vent souffle toujours en poupe dans les voiles, comment le pilote déploiera-t-il jamais son savoir faire ? Si tout réussit heureusement à un homme,

---

85 La comparaison avec l'entraînement des athlètes vient de s. Paul, *I Cor.*, IX, 24-27.

86 *Patientia* qui signifie l'endurance puis la patience.

87 *Vir*, le mâle, par opposition à la femme et non pas *homo*, comme au paragraphe suivant, l'homme sans distinction de sexe.

jamais il n'aura de vertu. L'unique pierre de touche de la vertu qui ne trompe pas, c'est l'affliction. Démétrius a magnifiquement dit *Nul ne me semble plus malheureux que celui qui n'a connu aucune adversité*[88]. Et il dit vrai. Notre Maître tout puissant[89] n'épargne pas ces gens là mais s'en défie, il n'a pas pour eux de l'indulgence mais du rejet et du mépris ; il les raye du nombre de ses légions comme poltrons inaptes à la guerre.

Enfin, ils font progresser parce que, dans les malheurs, la force d'âme et l'endurance des bons sont comme une lumière en ce monde de ténèbres. Ils appellent les autres par leur exemple à les imiter et marquent le chemin où aller. Bias perdit sa patrie et ses biens, mais il appelle encore aujourd'hui les mortels à *porter tous leurs biens avec eux*[90]. Regulus a péri horriblement sous la torture[91] mais cet exemple éclatant de sa fidélité à ses engagements vit encore. Papinien fut égorgé par un tyran[92] mais la hache qui le tue imprime en nous la quiétude de mourir pour la justice. Tant de grands personnages, enfin, ont été opprimés ou mis à mort par la force et l'injustice mais ces ruisseaux de sang nous abreuvent chaque jour de la constance et de la vertu. Tout cela resterait caché dans les ténèbres sans ce flambeau des malheurs. Tout comme les aromates émettent longtemps et largement leur odeur si on les broie, ainsi la renommée de la vertu se répand quand on la presse.

88 Sénèque, *De la providence*, III, 3. Démétrius était un philosophe cynique ami de Sénèque ; il ajoute que l'homme qui n'a pas souffert n'a pas pu s'éprouver et les dieux ne le jugent pas digne de vaincre la fortune.

89 *Imperator*, le commandant en chef.

90 *Omnia mea mecum sunt*. Cicéron, *Paradoxes stoïciens*, I, 8. « Bias, je crois, un des sept sages : l'ennemi s'était emparé de Priène, sa patrie, et tous les citoyens fuyaient en emportant avec eux le plus possible de leurs possessions ; quand on vint lui dire d'en faire autant, il répondit : "C'est ce que je fais : je porte avec moi tout ce qui m'appartient" ». Lipse cite à l'occasion Sénèque qui dans ses *Ep.* I, IX, § 18 attribue au philosophe Stilpon la même réponse au tyran Demetrius Poliorcète qui lui avait pris ses enfants, sa femme et sa ville.

91 Cicéron, *Des devoirs*, III, XXVI, 99-101 ; le consul Atilius Regulus, fait prisonnier par Hamilcar père d'Hannibal, avait été envoyé à Rome pour négocier le retour de prisonniers carthaginois ; conformément à la promesse qu'il avait faite, il revint à Carthage sans les prisonniers demandés « pour être soumis à des supplices raffinés et être fidèle à son serment ».

92 Papinien, juriste romain, à qui l'empereur Sévère confia ses deux fils Caracalla et Geta. Caracalla le fit périr ainsi que Geta en 212.

CHAP. IX
De la seconde fin, la correction ; on montre doublement qu'elle nous est utile.

La seconde fin est la correction et que l'on ait trouvé quelque chose de plus doux et de meilleur pour le salut, je le nie. Elle aide et sert doublement : comme fouet quand nous avons péché, comme frein pour éviter de pécher. Comme fouet, car c'est une main paternelle qui bat ceux qui ont souvent trébuché ; celle du bourreau qui punit tard mais une seule fois. Comme on emploie le feu et l'eau pour purifier les ordures, de même ces malheurs pour purifier les péchés. Et ce fouet, Lipse, nous le méritons bien actuellement. Il y a longtemps que nous avons chuté, nous les Flamands ; nous sommes corrompus par les jouissances et les richesses et nous glissons sur la pente des vices. Mais ce Dieu nous avertit et nous rappelle avec clémence ; il nous inflige parfois des épreuves pour nous avertir de revenir à nous et surtout vers lui. Il nous arrache nos biens parce que nous en usons pour le luxe ; la liberté, car nous en abusons pour la licence et, par cette douce férule des malheurs, il expie en quelque sorte et purge nos crimes. Douce en effet car elle est petite, cette satisfaction. On dit que, lorsque les Perses devaient supplicier un illustre personnage, ils lui enlevaient la robe et la tiare, pour les suspendre et les frapper comme si c'était lui en personne ; notre père fait de même, lui qui, dans tout châtiment, ne nous touche pas nous, mais nos corps, nos champs, nos richesses et toutes ces choses extérieures[93].

Mais la punition est aussi un frein parce qu'elle nous frappe opportunément lorsqu'il voit que nous allons pécher. Comme les médecins font parfois des saignées préventives non parce qu'on est malade mais pour éviter qu'on ne le soit, de même Dieu par ces malheurs nous arrache ce qui serait autrement la matière et l'aliment de nos vices. Car il connaît la nature de tous, lui qui les a créés ; il ne juge pas de la santé par la couleur du sang et de la peau mais par le cœur et le foie. Voit-il les esprits des Toscans trop vifs et excités ? Il les contraint par un Prince. Ceux des Helvètes calmes et doux ? Il leur accorde la liberté ; les Vénitiens

93 Toujours la même métaphore, aucunement stoïcienne mais platonicienne, du corps vêtement.

dans un juste milieu[94] ? Il leur donne un gouvernement modéré ; et il le changera sans doute avec le temps s'ils changent.

Et pourtant, nous nous plaignons : pourquoi la guerre nous afflige-t-elle plus longtemps que d'autres ? Pourquoi sommes-nous asservis plus durement ? Insensé, tu es vraiment malade. Es tu plus sage que Dieu ? Dis moi donc pourquoi le médecin prépare un mélange de plus d'absinthe ou d'ellébore pour celui ci que pour celui-là ? Parce que sa maladie ou sa nature le requiert. Pense la même chose pour toi. Il voit sans doute que ce peuple est plus féroce et doit donc être mené à la baguette, que cet autre est plus doux et qu'il peut être dressé simplement par l'ombre de la verge.

Mais toi tu ne le vois pas ainsi. C'est pourtant bien ainsi ! Les parents ne laissent pas un couteau ou une arme dans la main d'un petit enfant, même s'il pleure fort, car ils anticipent la blessure ; pourquoi Dieu permettrait-il notre perte, nous qui sommes de vrais enfants, ne sachant ni rechercher ce qui nous est salutaire ni rejeter ce qui nous est nuisible Pleure si tu veux et tant que tu veux ; tu n'en boiras pas moins cette coupe d'amertume que le médecin céleste remplit, non sans raison, pour te la donner à boire.

CHAP. X

Finalement la punition en elle-même est bonne et salutaire, eu égard à Dieu, aux hommes et à celui qui est puni.

La punition concerne les méchants, je l'avoue, mais elle n'est pas mauvaise. Elle est bonne, en premier lieu, eu égard à Dieu dont la loi immuable et éternelle de justice demande que les péchés des hommes soient corrigés ou supprimés. Le blâme corrige ceux qui peuvent être lavés ; la punition supprime ceux qui ne le peuvent pas. Elle est bonne, en second lieu, eu égard aux hommes : leur société ne pourrait subsister et se perpétuer si les tempéraments violents et scélérats pouvaient

94 Pour Lipse (*cf. Politiques*) le régime politique de chaque peuple est providentiellement adapté à leur nature. Florence a besoin d'un Prince ; la Suisse vit paisiblement en une fédération de petites républiques et Venise dispose d'un régime mixte, républicain, avec un doge.

tout faire impunément. De même que la sécurité de chacun nécessite le supplice du voleur et du meurtrier, de même la sécurité de tous a besoin d'un supplice exemplaire et collectif. Il est nécessaire que ces châtiments tombent parfois sur ceux qui tyrannisent et pillent la terre entière, pour servir d'exemples et avertir que

La justice a un œil qui voit tout[95],

Et proclamer aux autres rois et peuples :

Avertis <par mon exemple>, apprenez à être justes et à ne pas mépriser les dieux[96].

Elle est bonne, en troisième lieu, eu égard à ceux-là mêmes qui sont punis. Elle l'est pour eux, parce que ce n'est pas proprement une punition ou une vengeance ; jamais cette divinité[97] bienveillante *n'a prétendu sous la colère réclamer des peines cruelles* comme l'a pieusement dit un poète impie[98]. Mais elle ne fait que retenir et réprimer le crime et, selon le mot expressif des Grecs : *une punition mais pas une vengeance*[99]. Comme la mort du bon lui est souvent envoyée par clémence avant le crime, ainsi est-elle envoyée aux méchants sans espoir pendant le crime car ils l'aiment tant qu'ils ne peuvent en être arrachés que par amputation. Dieu arrête donc leur course effrénée et supprime avec la même bonté ceux qui pèchent et ceux qui s'apprêtent à pécher.

Enfin toute punition est bonne eu égard à la justice comme l'impunité est mauvaise en ce qu'elle permet aux scélérats, c'est-à-dire aux misérables, de vivre plus longtemps. Boèce l'a dit avec sagacité : *Les méchants sont plus heureux d'être châtiés que s'ils n'étaient réprimés par aucun châtiment conforme à la justice*[100]. Il en donne pour raison[101] que quelque bien leur arrive (à savoir le châtiment) qu'ils n'avaient pas au comble de leurs crimes.

---

95 Ménandre, *Sentences*, 225.

96 Virgile, *Énéide*, VI, 620.

97 Ici *numen* qui désigne de façon vague la divinité ou le divin. Le terme sera repris à la place de *deus* dans les textes de religion naturelle.

98 Le poète impie est Lucrèce, *De la nature*, VI, 72. Lucrèce considère comme indigne des dieux d'être outragés par les hommes, d'être sensibles aux offenses ou « que la colère leur inspire des châtiments cruels ». Les dieux épicuriens vivent dans les inter-mondes dans une paix suprême et sans s'occuper des hommes.

99 *kolasis all'ou timôria* Aristote, *Rhétorique*, I, 10, § 17 (1369b) qui fait une différence entre la vengeance et le châtiment : « Dans le châtiment on considère celui qui le subit tandis que dans la vengeance, on a plutôt souci de celui qui l'exerce, son but étant de se donner une satisfaction ».

100 Boèce, *Consolation de la philosophie*, IV, 4, prose § 13.

101 En latin *causa* ici est équivalent de *ratio*.

CHAP. XI
De la quatrième fin qui est ambiguë pour l'homme. Elle convient soit à la conservation et protection de l'univers soit à son embellissement[102]*. Explication plus détaillée.*

Ces trois fins, Lipse sont claires et certaines ; je les ai parcourues d'un pied assez ferme ; reste la quatrième que j'aborde en hésitant car elle est trop éloignée et inconnue pour que la pensée humaine en trace une piste assurée. Je ne la vois qu'à travers un nuage et n'ai le droit que de la conjecturer, non de la connaître, de tourner autour, non d'y pénétrer. Cette fin que je conçois est commune et touche à la conservation ou à l'embellissement de l'univers.

En ce qui concerne la conservation, je présume que ce dieu qui a créé et disposé toutes choses avec sagesse, les a créées de sorte que chacune soit établie par un nombre, accroissement et poids déterminés[103] ; il n'est pas permis qu'un genre excède sa mesure sans la chute et la ruine de tous. Ainsi ces grands corps, le ciel, la mer, la terre, ont leur limite ; ainsi chaque siècle s'est vu attribuer un nombre déterminé d'êtres vivants ; de même pour les hommes, les villes, les royaumes. Veulent-ils en sortir ? Nécessairement un tourbillon et une tempête de catastrophes les écrasent car, sinon, ils abîmeraient ce très bel ouvrage de l'univers et lui nuiraient. Mais souvent ils veulent passer outre, surtout ceux qui ont reçu la loi de croître et de se multiplier[104]. Regarde donc les hommes : qui niera que le nombre des naissances n'excède naturellement celui des décès ? De sorte que l'union d'un seul couple fait naître en peu d'années une centaine de descendants alors qu'il n'en meurt que dix ou vingt. Un troupeau de moutons croîtrait énormément si chaque année, les éleveurs n'en enlevaient certains pour les envoyer à l'abattoir. Oiseaux et poissons empliraient rapidement les airs et les eaux s'il n'y avait entre

102 En latin *cultus* qui signifie la culture, l'entretien, le culte, l'élégance et le raffinement. Lipse joue sur tous les sens de ce terme. Le traducteur français de 1597 traduit *cultus* par ornement ; j'ai cherché à garder la même idée.

103 *Sagesse*, XI, 21 « Tu as réglé toutes choses avec mesure, nombre et poids » et Augustin. Lipse remplace *mensura* par *augmentum*.

104 Allusion à *Genèse*, I, 22 et I, 28 : « croissez et multipliez vous »

eux des dissensions et des guerres ainsi que des pièges dressés par la race humaine. Chaque époque construit et édifie des villes et des cités et, si ne survenaient pas des incendies et des ruines, à peine les contiendraient l'un et l'autre monde[105].

On peut, dans une semblable pensée, parcourir la nature. Quoi d'étonnant, donc, si le vieux Saturne[106] promène de temps en temps sa faux dans ce champ luxuriant et moissonne par la guerre ou la peste les milliers qui sont en trop ? S'il ne le faisait pas, quel pays pourrait encore nous contenir et quelle terre nous nourrir ? C'est donc justice que périssent les parties pour que le tout soit éternel ! Pour ceux qui assurent l'équilibre de la république *le salut du peuple est la loi suprême*[107] ; ainsi en va-t-il de celui du monde pour Dieu.

Pour l'embellissement du monde, je fais une double conjecture.

1/ Je ne conçois aucun ornement dans cette vaste machine sans variété et alternance de choses distinctes. Le soleil est extrêmement beau, je l'avoue, mais il est plus agréable encore lorsque la nuit répand la rosée et que la sombre mère[108] étend son manteau. L'été est extrêmement agréable mais l'hiver le rehausse avec le marbre de ses glaces et la blancheur de ses neiges. Si tu les supprimes, tu supprimes aussi la sensation et la joie intime de la lumière ou de la chaleur. Sur notre terre même, ce n'est pas un seul aspect qui me réjouit ; j'aime voir les plaines et les collines, les vallées et les pentes rocheuses, les champs cultivés et les déserts, les prés et les forêts. Toujours la satiété et l'ennui sont les compagnons de l'uniformité. Et sur cette scène de la vie, pour ainsi dire, pourquoi un seul aspect et manière d'être me plairaient-ils toujours ? De fait, cela ne me plairait pas. À mon avis, il faut qu'il y ait de temps en temps des jours où couvent les alcyons[109] et des bonaces[110] que rompent bientôt les tourbillons des guerres et les ouragans des tyrans en fureur. Qui souhaiterait que cet univers soit comme une mer morte, sans vent et sans mouvement ?

---

105 Lipse écrit *ea noster et alter Orbis*. On peut penser à l'ancien et au nouveau monde ou bien aux deux hémisphères.

106 Saturne est associé aux sacrifices humains chez les Anciens ; *cf.* Tertullien, *Apologétique* 9 : « en Afrique on immolait publiquement des enfants à Saturne jusqu'au proconsulat de Tibère ».

107 Cicéron, *Des lois*, III, 3, § 8.

108 *Mater nigra*, la mère noire ou la déesse noire peut désigner la nuit ou la mort.

109 *Alcedonia*, les jours d'hiver où couvent les alcyons, sont des jours calmes.

110 *Malaciae* des jours de calme plat sur la mer.

2/ Mais je sens encore un autre embellissement, plus sérieux et plus fécond. L'histoire me montre que des temps meilleurs et plus doux succèdent ordinairement à ces nuées de catastrophes. Les guerres tourmentent un peuple mais elles l'aiguisent et généralement suscitent diverses inventions et arts[111]. Jadis les Romains imposèrent un joug cruel à toute la terre, mais un joug salubre par son résultat puisqu'il a dissipé la barbarie des esprits comme le soleil dissipe les brouillards devant les yeux. Que serions nous aujourd'hui, nous, Français ou Allemands si la lumière d'un grand empire ne nous avait éclairés ? Des sauvages, des brutes, se réjouissant des malheurs des autres et des nôtres, méprisant Dieu et les hommes. Il en sera de même, je l'augure, pour le Nouveau Monde ; les Espagnols l'ont épuisé par une dureté salutaire mais ils vont bientôt le repeupler et l'entretenir.

Tout comme ceux qui ont de grands vergers, transplantent des arbres, en greffent d'autres, en abattent, et administrent tout cela avec art pour les améliorer et les faire fructifier, ainsi fait Dieu dans ce vaste champ du monde. Il est le plus savant des cultivateurs. Ici, il coupe une branche trop lourde, ailleurs il cueille et arrache une feuille[112]. Il aide la souche : les rameaux tombent et les feuilles volent au gré du vent. Il voit tel peuple[113] desséché et sa vertu épuisée : il l'élimine ; un autre âpre et stérile : il le transplante et en mêle et mélange certains éléments par une sorte de greffe. Vous, dont l'empire est tombé, Italiens divisés et sans vigueur, pourquoi occupez vous la meilleure des terres ? Cédez la place et que ces Lombards durs et robustes travaillent ce sol avec plus de succès. Vous, les Grecs, ramollis et mauvais, périssez, et que les farouches Scythes s'établissent sur ce sol et s'y adoucissent. De même, par un mélange de peuples, vous les Francs, occupez la Gaule, vous les Saxons, l'Angleterre, vous les Normands, la Flandre et les pays limitrophes.

Tout cela, Lipse et d'autres choses encore, le lecteur diligent le voit clairement à partir de l'histoire et des événements. Relevons-nous donc et, s'il nous arrive quelque préjudice particulier, sachons que cela est

---

111 Lipse écrit en marge : tel est le sens du proverbe « la guerre est père de toute chose (*bellum omnium pater*) = Adage d'Érasme *Épitomé* p. 140 ; *polémos apantôn pater*. Ce qui signifie que la guerre est source d'innovations. On retrouvera chez Hegel cette même conception de la guerre qui vient réveiller les peuples assoupis.

112 La branche trop lourde désigne une famille ; la feuille un homme.

113 *Gens*, le peuple, la nation.

utile à une partie de l'Univers. La mort de ce peuple ou de ce royaume sera la naissance d'un autre ; la chute de cette ville sera l'édification d'une nouvelle. À proprement parler, rien ne meurt en ce monde mais tout change. Nous, Flamands, serions-nous seuls privilégiés par Dieu ? Seuls heureux à perpétuité et les poussins de la Fortune blanche[114] ? Insensés ! Ce puissant père[115] a beaucoup d'enfants. Puisqu'il ne veut ou ne peut pas les prendre tous ensemble en son sein, permettez qu'il les réchauffe et les reçoive tour à tour. Notre soleil a brillé pour nous ; la nuit est maintenant là pour un petit moment et cette lumière radieuse s'en va et tombe sur le couchant. Sénèque, comme d'habitude, a traité cela avec acuité et profondeur :

> *Que l'homme sage ne s'indigne pas de ce qui lui arrive ; qu'il sache que cela même qui semble le léser sert à la conservation de l'Univers et que cela relève de ce qui accomplit le cours et l'office du monde*[116].

CHAP. XII
Vieille et commune objection contre la justice divine : pourquoi les peines sont elles inégales ? Cette recherche n'appartient pas à l'homme et elle est impie.

Comme Langhe faisait une petite pause, je repris : ton propos est comme une fontaine pour les voyageurs, en été. Il me conforte, me revigore et comme une boisson rafraichissante, fait baisser ma fièvre et ma température. Mais il les baisse et ne les supprime pas. Il me reste une épine en l'âme qui a tourmenté aussi les Anciens, la question de l'inégalité des châtiments[117]. Car, Langhe, si la balance de la justice est équilibrée, pourquoi ce trait des malheurs

114 Un adage d'Érasme (*Épitomé* p. 47) dit « *alba gallina filius* (Juvénal) celui qui a une heureuse naissance, nous le disons fils d'une poule blanche ». Lipse mêle ici le thème de la fortune au double visage avec celui de la poule blanche ou noire.

115 Lipse file la métaphore de la poule couveuse mais en lui donnant le sexe masculin du dieu père.

116 Sénèque, *Ep.* VIII, 74, 20.

117 Voir Plutarque, *Des délais de la justice divine.*

épargne bien des coupables et tue des innocents comme des coupables[118].

Pourquoi des peuples innocents sont-ils anéantis et pourquoi les fautes des pères retombent-t-elles souvent sur les enfants et les petits enfants ? C'est là une acre fumée dans mes yeux ; si tu le peux, enlève la par la lumière de la raison.

Langhe fronçant le sourcil : Ainsi, jeune homme, tu me fais encore dévier de mon chemin ? Non. Comme les chasseurs expérimentés ne laissent pas le chien changer de piste mais s'attachent à lui faire poursuivre un seul gibier, ainsi, moi, j'aurais voulu que tu ne suives que la trace que je t'ai indiquée. Je te donne la finalité des calamités, pour que, si tu es bon, tu te sentes aguerri, relevé si tu es tombé, puni si tu as commis une faute et, toi, tu me détournes vers les causes. Esprit vagabond, de quoi as tu souci par cette curiosité ? Tu veux toucher les feux célestes ? Tu vas être liquéfié[119]. Escalader la citadelle de la providence ? Tu tomberas. Comme les papillons et ces petits insectes voltigent continuellement le soir autour de la lumière d'une chandelle et s'y brûlent, ainsi l'esprit humain folâtre autour de cette flamme mystérieuse.

Donne moi, dis tu, les causes[120] pour lesquelles la vengeance divine épargne les uns et frappe les autres. Les causes ? À le dire franchement, je ne les connais pas. La cour céleste ne m'a jamais reçu et j'ignore ses décrets. La seule chose que je sache, c'est que la cause antérieure à toutes les causes, c'est la volonté de Dieu. Qui en cherche une autre méconnaît la force et la puissance de la nature divine. Car il est nécessaire que toute cause, en son genre, soit antérieure et supérieure à son effet. Mais il n'y a rien d'antérieur et de supérieur à Dieu et à sa volonté, il est donc sans cause[121]. Dieu a épargné, Dieu a frappé, que veux tu de plus ? *La volonté de Dieu est la souveraine justice*[122] comme le dit justement et pieusement Salvien. Cependant, disent-ils, nous exigeons quelque raison[123] de cette inégalité. De qui ? De Dieu ? De celui là seul à qui est licite ce qui lui plaît et à qui ne plaît que ce qui est licite ? Si un esclave exigeait des raisons

118 Lucrèce, *De la nature*, II, 1103-1104. En VI 379-422 Lucrèce donne l'exemple de la foudre qui tombe indifféremment sur les bons comme sur les méchants.

119 Allusion à la mythologie : histoire de Phaéton.

120 *Causa* : la cause, notamment la cause plaidée en justice ou la cause efficiente, a aussi le sens de raison.

121 *Non ergo ulla ejus caussa* n'équivaut pas à une conception de Dieu *causa sui* mais à l'absence de justification extérieure et supérieure à Dieu dans son action.

122 Salvien, ve siècle, prêtre à Marseille, *Du gouvernement de Dieu* I 30.

123 Ici Lipse écrit *ratio*, la raison ou la cause formelle qui sert de justification.

de son maître ou un sujet de son prince, le maître ne considèrerait-il pas cela comme un affront et le prince comme une rébellion ? As tu plus d'audace contre Dieu ? Arrière, curiosité perverse ! *Cette raison n'est rendue qu'en ne l'étant à personne*[124]. Et pourtant, en faisant tout cela, tu ne sortiras pas de tes ténèbres et tu n'atteindras pas ces conseils et ces décrets.

Sophocle l'a très bien dit :

Les choses divines que les dieux eux-mêmes cachent, tu ne les sauras jamais, quoi que tu parviennes à savoir[125].

CHAP. XIII

Pour satisfaire les curieux, on répond à trois vieilles objections. La première porte sur l'absence de punition de méchants : nous enseignons qu'elle est différée et non supprimée et cela, soit en raison des hommes eux-mêmes, soit en raison de la nature de Dieu, lente à punir.

Cette voie rude et simple est la seule qui soit sûre ici, Lipse. Les autres sont trompeuses et glissantes jusqu'à la chute. Dans les choses divines et célestes, la seule finesse est de rien comprendre, le seul savoir est de ne rien savoir[126]. Mais puisque, aujourd'hui comme hier, ces nuages enveloppent l'intelligence, je les dissiperai brièvement, si je le peux, et je te transporterai de l'autre côté de ce fleuve qui te tient arrêté. Et toi, Esprit céleste et éternel (il regardait vers le ciel), donne moi ta paix et pardonne moi si je ne parle pas assez purement et pieusement de ces mystères alors que mon intention est pieuse.

Tout d'abord, Lipse, je peux, me semble-t-il, d'un seul trait, affirmer la justice de Dieu en général. Si Dieu considère les affaires humaines, il s'en soucie[127], s'il s'en soucie, il les gouverne, s'il les gouverne, c'est avec jugement mais, si c'est avec jugement, comme serait-ce injustement ?

124 Tacite, *Annales*, I, 6 mais Tacite écrit « qu'à une personne », c'est-à-dire l'empereur.

125 Sophocle, *Fragments*, 919.

126 Application à la théologie de la formule sceptique de Sanchez : *Quod nihil scitur.* Mais Lipse n'est pas sceptique et ne défend pas non plus une théologie négative. Le non savoir invoqué ne porte que sur les raisons de l'action divine.

127 Argument anti épicurien. Pour Épicure les dieux ne s'intéressent pas aux hommes et ne s'en soucient pas.

Sans jugement pas de gouvernement, mais confusion, désordre, chaos. Qu'as tu à opposer à ce trait ? Quel bouclier et quelles armes ? Si tu veux avouer la vérité, c'est l'ignorance humaine. Je ne comprends pas, dis tu, pourquoi ceux-ci sont punis et ceux-là non. Fort bien. Tu joins donc l'impudence à l'imprudence ? Parce que tu ne saisis pas la force de ce droit pur et divin, tu le déchires[128] ? Peut-il y avoir raison plus injuste contre la justice ? Si un étranger voulait juger les lois et les institutions de ta patrie, tu lui ordonnerais de se taire et de s'en aller parce qu'il ne les comprend pas. Et toi, citoyen de cette terre, tu condamneras hardiment les lois du ciel que tu ignores ? Toi créature, tu jugeras ton créateur ? Et bien soit ; je vais te presser de plus près et, comme tu le demandes, j'examinerai distinctement ces nuées d'accusations injustes au soleil de la raison.

Tu fais trois objections : il ne punit pas les méchants, il punit des innocents, il intervertit les punitions.

Première objection d'abord : la vengeance divine, dis-tu, épargne à tort les méchants. Est-ce bien vrai ? À mon avis, elle diffère. Si l'on me devait beaucoup d'argent et si j'exigeais le paiement immédiat d'un de mes débiteurs, en repoussant pour un temps celui d'un autre, m'en blâmerais tu ? Ceci relève assurément de ma volonté et de mon libre arbitre. C'est ce que fait ce grand Dieu à qui tous les malhonnêtes doivent toujours une peine qu'il exige immédiatement des uns, dont il diffère pour d'autres le paiement qu'ils devront solder avec intérêt. Y a-t-il une injustice ici ? À moins que, toi, tu ne te fasses du souci pour Dieu et que tu craignes que ce délai bienveillant ne lui fasse perdre quelque chose ? Rassure toi, mon ami. Jamais personne ne ruinera ce créancier divin. Où que nous fuyions, nous sommes toujours tous sous ses yeux, bien plus, il nous tient enferrés et enchaînés.

Mais je voudrais, diras-tu, que ce tyran soit puni maintenant et que ce sang versé donne satisfaction à tant d'opprimés car ainsi la justice de Dieu serait plus claire pour nous. Plus claire, la justice ? Pour moi, c'est surtout ta stupidité ! Qui donc es-tu, toi, qui non seulement dictes à Dieu la punition mais veux savoir d'avance la date ? Penses-tu qu'il soit ton juge ou seulement ton assistant et ton agent ? Va donc, commande, frappe, voile lui la tête, pends le à la potence[129], car c'est ainsi que je

128 Allitération *capire* saisir et *carpere* cueillir mais aussi arracher.

129 *Arbor infelix* : l'arbre sinistre, celui de la pendaison.

vois les choses. Quelle impudence ! Dieu voit les choses autrement ; tu dois savoir qu'il discerne les choses un peu plus clairement et que la punition a aussi une autre fin. Toi, tu t'échauffes et le désir de vengeance t'emporte alors que, lui, en est fort éloigné : il regarde aussi l'exemple et la correction des autres. Il sait très bien à qui cela peut être utile et quand. Le choix du temps est de grande importance et le médicament le plus salutaire tourne au désastre quand il n'est pas donné au bon moment[130]. Il a abattu Caligula au début de sa tyrannie[131] ; il a laissé Néron avancer un peu plus longtemps[132] et Tibère[133] beaucoup plus. Ne doute pas que ce soit pour le bien de ceux-là mêmes qui s'en plaignaient alors. Nos méchancetés et notre conduite déviante ont souvent besoin d'un fouet quotidien mais nous voudrions qu'il soit ôté immédiatement et jeté au feu. Voici la raison du retard[134] qui nous affecte mais Dieu en a une autre. Il semble que ce soit sa nature, *d'avancer d'un pas lent vers sa vengeance et de compenser le délai par la gravité du supplice*[135]. Synésius le dit fort bien : *la volonté divine marche lentement et avec ordre*[136]. Les Anciens n'avaient pas tort d'imaginer que les dieux avaient des pieds de laine[137].

Aussi ardent et empressé à la vengeance que tu sois, pour que tu ne sembles pas devoir supporter difficilement ce retard, songe que ce délai du châtiment l'augmente. Dis moi, quand tu vas voir une tragédie, est-ce que tu t'indignes si Atrée ou Thyeste, dans les deux premiers actes, avancent un moment sur scène dans l'élévation et la splendeur ? S'ils règnent, menacent, commandent ? Je ne le pense pas car tu sais que ce bonheur est bref et tu t'attends à ce qu'ils s'écroulent bientôt d'une

---

130 Allusion à l'importance du *kairos* dans la médecine hippocratique.

131 Caligula 12-41 Suétone, *Vies des douze Césars*, livre IV, ch 58. Caligula vécut 29 ans et fut empereur un peu moins de quatre ans.

132 Néron (37-68). *Ibid.* livre VI, Néron mourut à 32 ans.

133 Tibère (42 av. J.-C. - 37 ap. J-C.). *Ibid.* livre III. Contemporain de la vie de Jésus. Tibère mourut à 78 ans après 23 ans de règne.

134 *Cf.* Plutarque, *Des délais de la justice divine.*

135 Érasme : *vindicta tarda sed gravis ; Épitomé*, p. 544 avec renvoi à Homère, *Iliade*, XXII, 271-272 Achille à Hector qui doit payer en une fois mais plus sévèrement ses fautes « voici que Pallas Athènè va te dompter par ma lance, et que tu expieras en une fois les maux de mes compagnons que tu as tués dans ta fureur ! ».

136 Synésius évêque néo-platonicien du IVe siècle. *De la providence.*

137 Proverbe antique, qu'Apollodore renvoie à Macrobe. « Les dieux ont des pieds de laine parce qu'ils vont lentement dans la punition du crime quoiqu'ils ne le laissent jamais impuni et qu'ils compensent ce retardement par la rigueur du supplice ». Bernard de Montfaucon, *Supplément au livre de l'Antiquité*, 1724, Livre I, Chap. 2.

manière affreuse, au dernier acte[138]. Mais, dans cette fable du monde, pourquoi être plus injuste envers Dieu qu'envers un poète ? Cet impie est prospère, ce tyran reste vivant. Soit. Mais pense que c'est le premier acte et prévois déjà que cette joie tournera en pleurs et angoisses ; cette scène sera bientôt inondée de sang et dans ce sang rouleront ces habits d'or et de pourpre. C'est un bon poète[139] que le nôtre et il ne transgressera pas témérairement les lois de sa tragédie. N'introduis-tu pas parfois des dissonances dans la musique[140] parce que tu sais que les opposés se concilieront dans l'harmonie ? Fais de même ici.

Mais ceux qui ont été lésés ne voient toujours pas la punition. Quoi d'étonnant ? Souvent la fable est plutôt longue et ils n'ont pas pu rester assez longtemps au théâtre. D'autres la voient cependant et en conçoivent à juste titre de la crainte car ils voient que dans ce jugement strict, certains bénéficient d'un sursis sans être absous, que la peine est différée d'un jour mais non pas supprimée. Par conséquent, Lipse, retiens bien ceci : les impies, parfois, sont en sursis mais pas acquittés et quiconque porte le crime en son cœur a Némésis[141] dans son dos. Cette déesse le suit et je dirai comme Euripide :

En silence et avec lenteur elle avance / et elle viendra surprendre le méchant au moment opportun[142].

138 Comparaison classique de la vie avec une comédie, voire une tragédie, de Démocrite à Marc Aurèle : « Le monde est une théâtre, la vie une comédie : tu entres, tu joues, tu sors ». Atrée et Thyeste sont les fils de Pélops et de grands criminels. *Cf.* le *Thyeste* de Sénèque.

139 *Poeta*, le poète renvoie aussi au mot en grec *poiétès* qui désigne le fabricant, le créateur. Lipse joue ici sur le double sens du terme.

140 L'argument de la dissonance nécessaire à l'harmonie sera repris par Leibniz.

141 La déesse de la vengeance. Lipse cite Euripide d'après Plutarque « Sur la vengeance divine ».

142 Euripide selon Plutarque « De la vengeance divine », *Moralia*, 549A et Euripide, *fragments*, 979.

CHAP. XIV

Il y a différentes sortes de punitions, certaines internes et cachées qui accompagnent le crime lui-même et auxquelles les méchants n'échappent jamais ; elles sont plus lourdes que les peines externes.

Mais pour que tu comprennes cela plus clairement, je te conduirai une seule fois dans la forteresse de cette cause[143], pour savoir qu'on distingue trois sortes de peines divines : internes, posthumes, externes[144]. J'appelle *internes celles qui touchent l'âme encore dans le corps*, comme les angoisses, le repentir, la crainte et les mille remords de conscience. Les secondes, *celles qui touchent la même âme mais déjà libre et séparée du corps ;* ce sont celles qui sont réservées aux criminels, après la mort, comme l'ont raisonnablement soupçonné bon nombre d'Anciens. Quant aux troisièmes, *qui touchent le corps ou ce qui s'y rapporte*, ce sont la pauvreté, l'exil, la douleur, les maladies, la mort. Il arrive, généralement, que toutes ces peines, selon un juste jugement de Dieu, convergent sur les impies ; en tout cas, les deux premières, toujours.

Parlons des peines internes : Quel est celui qui, porté sans mesure à toute impiété, n'a jamais ressenti d'âpres coups de fouet dans l'âme et comme une pique, soit en commettant un crime ou, plus encore, une fois le crime commis ? Car il est vrai que *le châtiment est conséquent à l'injustice*, comme le disait jadis Platon[145] ou plus fortement et véritablement, selon Hésiode, *concomitant*[146]. Le supplice du crime est naturellement lié au crime, bien plus, inné, et il n'y a rien dans la vie de sûr et de libre que l'innocence ; comme, selon la coutume romaine, ceux qui allaient être crucifiés portaient la croix qui allait bientôt les porter[147], ainsi Dieu a t-il imposé à tous les impies cette croix de la conscience qui leur fait subir un châtiment avant d'être châtiés.

---

143 Ici sens juridique du terme *caussa* : cause plaidée en justice, en l'occurrence la cause de Dieu que Leibniz nommera théodicée.

144 Externes à l'âme c'est-à-dire qui concernent le corps seul.

145 *Akolouthô tès adikias hè timôria* Platon, *Lois*, V, 728c et *Gorgias*, 525 a-c. l'*akolouthia* désigne en logique l'implication stricte.

146 Source incertaine.

147 Juste Lipse a écrit un traité *De cruce*, 1595 sur la punition par crucifixion et les diverses sortes de croix employées à cet effet. On peut ici penser au portement de croix de Jésus.

Penses tu qu'il n'y a pas d'autre punition que celle qui frappe les yeux, que celle que subit ce petit corps ? Non : toutes ces peines externes nous touchent légèrement et pas longtemps ; ce sont les peines internes qui tourmentent. Comme on juge ceux qui souffrent de consomption ou de langueur plus gravement malades que ceux qui souffrent d'une inflammation et de fièvre, symptômes plus visibles, ainsi les méchants qui sont conduits à pas lents vers la mort éternelle ont une peine plus lourde. Caligula, jadis, avait l'habitude d'ordonner par cruauté : *frappe le de sorte qu'il se sente mourir*[148]. C'est ce qui arrive à ceux que l'esprit, ce bourreau, frappe et tourmente chaque jour de petits coups.

Que la grandeur ne t'en impose pas, ni la puissance qui les entoure ni les richesses, parce qu'elle ne les rend pas plus contents et heureux que ne sont bien portants ceux que la fièvre et la goutte couchent sur un lit de pourpre. On peut voir au théâtre, un mendiant tout beau et paré d'or, jouer le rôle du roi. Tu le vois mais tu ne l'envies pas[149] car tu sais que, sous cet aspect doré, il y a la saleté, la crasse, la gale. Pense la même chose de tous ces grands et orgueilleux tyrans : *leurs esprits, si on les mettait à nu* dit Tacite[150], *montreraient des lacérations et des coups puisque, comme le corps par le fouet, l'âme est déchirée par la cruauté, la convoitise et les pensées mauvaises*. Ils rient souvent, je l'avoue, mais leur rire n'est pas franc. Ils se réjouissent mais leur joie n'est pas authentique ; comme, mon Dieu, les condamnés à mort maintenus au cachot qui tentent de se tromper en jouant aux dés ou aux osselets mais sans y parvenir. Car la terreur du supplice imminent demeure gravée en eux et l'image de la mort livide ne quitte jamais leurs yeux. Écarte ce voile des choses externes et vois, s'il te plait, ce tyran de Sicile avec

l'épée retenue qui pend au dessus de sa tête impie[151].

Écoute ce romain qui se lamente : Que les dieux et les déesses me détruisent plutôt que de me sentir périr chaque jour[152].

---

148 Suétone, *Vies des douze Césars*, IV, 30.

149 Jeu de mots : *vides*, tu vois, *invides* tu envies.

150 Tacite, *Annales*, VI, 6.

151 Allusion à l'épée de Damoclès : le tyran Denys de Syracuse invita le courtisan Damoclès à un festin en suspendant au dessus de sa tête une épée tenue par un crin de cheval. *Cf.* Horace, *Odes* III, 1, 17-18 et Cicéron *Tusc.* V, XXI, § 62 : « il n'y a pas de bonheur pour l'homme sur qui la crainte est toujours suspendue ».

152 Lettre de Tibère au Sénat ; *cf.* Tacite, *Annales*, VI, 6 et Suétone, *Vies*, Tibère, Chap. 67.

Écoute encore celui-là qui se plaint : « Me voilà donc seul, sans ami ni ennemi[153] ? »

Voilà les véritables tourments de l'âme, Lipse, son supplice : être toujours anxieux, se repentir, avoir peur. Garde toi de les comparer avec les cordes, les crochets, les chevalets de torture.

CHAP. XV

Des châtiments posthumes attendent les méchants ainsi que, le plus souvent, des châtiments externes. On le confirme par quelques exemples célèbres.

Ajoute encore ici ces châtiments posthumes et éternels ; il me suffira de les avoir posés du cœur de la théologie sans les avoir développés ; ajoute encore les châtiments externes. S'ils faisaient défaut, quand les premiers sont infligés, qui pourrait en accuser justement la Justice céleste ? Mais ils ne font pas défaut et il n'est jamais arrivé (ou alors rarement) que de francs scélérats et oppresseurs n'aient subi des châtiments visibles et spectaculaires, les uns plus tôt, les autres plus tard, les uns en eux-mêmes, les autres dans leurs descendants. Tu t'interroges à la vue de Denys de Sicile[154] qui pratique impunément, de nombreuses années, viols, vols et meurtres. Attends un peu et tu le verras bientôt honni, banni, pauvre, passé (qui l'eut cru ?) du sceptre à la férule. Lui, roi d'une grande île, ouvrira une école à Corinthe, étant lui-même une véritable école de la Fortune. Par ailleurs, t'indigneras tu de ce que Pompée soit vaincu à Pharsale avec une armée réduite au Sénat[155] ? De ce qu'un tyran joue et folâtre quelque temps dans le sang des citoyens ? Je te pardonne car je vois faussé, en Caton même, le gouvernail du jugement droit, et sortir du fond du cœur cette parole ambigüe : *les choses divines sont bien obscures*[156].

153 Derniers mots de Néron mourant ; *cf.* Suétone *Vies*, Néron, Chap. 47.

154 Denys, II, 367-344. Voir Plutarque, *Vies* Timoléon, Chap. 20. Cicéron, *Tusc.* III, 12, 27 qui écrit avec une autre interprétation : « Denys le tyran, chassé de Syracuse, était maître d'école à Corinthe, tant il ne pouvait se passer de commander ».

155 Plutarque, *Vies*, Pompée, § 68-72.

156 Ce qui signifie l'obscurité de la providence. *Cf.* Plutarque, *Vies*, Caton d'Utique, après la victoire de Pompée, § 53.

Mais pourtant, toi Lipse et toi Caton, tournez un peu les yeux par ici : un seul regard vous réconciliera avec Dieu. Voyez César, orgueilleux vainqueur, déjà dieu à ses yeux et à ceux d'autrui, assassiné au Sénat et par le Sénat, non pas d'une simple mort mais achevé de 23 coups, comme une bête féroce vautrée dans son sang et (que voulez-vous de plus) dans la curie pompéienne, en dessous de la statue de Pompée, grande victime offerte en sacrifice aux Mânes du Grand Pompée.

J'ai pitié aussi de Brutus mourant aux champs philippiques[157], pour sa patrie et avec elle ; mais je me console lorsque, juste après, je vois ces armées victorieuses s'entretuer comme des gladiateurs sur son tombeau, et l'un des chefs, Marc Antoine, vaincu sur terre et sur mer, trouver difficilement la mort d'une main féminine, au milieu de trois simples femmes. Où es tu, toi naguère maître de l'Orient ? Chef[158] des armées romaines ? Assassin de Pompée et de la République ? Voici que, de tes mains sanglantes, tu te pends à une corde. Voici que, vivant, tu glisses dans ton tombeau ; voici que, mourant, tu peines à t'arracher à celle qui cause ta mort[159] ! Vois si c'est en vain que Brutus moribond a prononcé ce dernier mot et ce vœu :

O Zeus, que l'auteur de ces maux ne t'échappe pas[160] *!*

Il n'a pu se cacher ni s'échapper, pas plus que l'autre chef[161] qui, manifestement, a subi en lui le châtiment de ses crimes de jeunesse et, plus clairement, dans toute sa descendance. Qu'il soit heureux, grand César et véritablement Auguste[162], mais qu'il ait pour fille et petite fille, Julie[163]. Qu'il perde par fraude ou violence ses petits fils, qu'il répudie les autres, que dégoûté de tout cela, il veuille mourir par un jeûne de quatre jours, sans succès[164]. Enfin qu'il vive avec sa Livia, honteusement épousée[165], honteusement gardée et, puisque lui-

157 Voir Plutarque *Vies*, Brutus, § 63.

158 *Lanista :* maître de gladiateurs.

159 Voir Plutarque *Vies* Marc Antoine 99-100 ; il meurt de la main de Cléopâtre.

160 En grec. Citation d'Euripide *Médée* 332 *cf.* Plutarque, *Vies*, Brutus, § 62.

161 Il s'agit de l'empereur Auguste, fils d'Octave qui prit le nom de Gaius César puis le surnom d'Auguste (Suétone, *Vies*, Auguste, § 7).

162 Ce sont les titres qu'il s'est donnés.

163 Julie était la fille de sa seconde femme, Scribonia, et elle eut d'Agrippa une fille également appelée Julie. *Cf.* Suétone Auguste, § 63-64. Toutes deux furent ensuite reléguées pour mauvaise conduite (§ 65).

164 Suétone n'en dit rien.

165 Livia, mariée à Tibérius Néron, était enceinte quand il l'épousa. *Cf.* Suétone, § 62.

même s'est perdu d'un amour infâme, qu'il périsse par elle d'une mort infâme[166]. En résumé, dit Pline, *ce dieu, dont je ne sais s'il atteignit le ciel par fortune ou par mérite, trépasse avec pour héritier le fils de son ennemi*[167].

C'est à cela qu'il faut penser, Lipse, quand cette plainte d'injustice t'emporte et il te faut toujours tourner ta pensée vers ces deux points : la lenteur du supplice et sa diversité. Celui-ci n'est pas puni maintenant ? Attends, il le sera ; Il n'est pas puni dans son corps ? Mais peut être dans son âme. Il n'est pas puni de son vivant ? Mais assurément, une fois mort. *Jamais la peine au pied boiteux n'a abandonné le scélérat qui la précède*[168]. Car cet œil divin veille toujours et, quand tu crois qu'il dort, il ferme seulement les yeux. Mais toi, sois seulement juste envers lui et n'accuse pas sans raison le juge qui devra te juger.

CHAP. XVI

Réponse à la seconde objection, qui concerne les innocents. On montre que tous ont mérité d'être punis parce que tous ont failli, plus ou moins, chose que l'homme ne peut discerner clairement. Il n'y a que Dieu qui voie clairement les fautes et qui punisse donc très justement.

Mais certains peuples, dis tu, ont été punis sans avoir commis de crime et sans l'avoir mérité. C'est là ta seconde accusation, que j'appellerais plutôt calomnie.

Imprudent jeune homme, tu oses parler ainsi ! Ils sont punis sans l'avoir mérité ? Où donc, entre les nations, en as tu trouvé une sans crime ? Ce serait de la hardiesse et même de la témérité de le penser d'un homme quelconque et, toi, tu ne fais pas de difficulté à admettre

166 Alors que Suétone parle de la mort d'Auguste dans les bras de Livia comme d'une mort douce (*euthanasia*) Tacite dans les *Annales* (livre I, Chap. 5) laisse entendre que Livia aurait tué son mari.

167 Pline l'ancien, *Histoire naturelle*, VII, 46 § 3.

168 Horace, *Odes*, III, 2, 31-32 *Ode à la jeunesse romaine* mais Horace écrit souvent et non pas jamais : « Souvent le ciel confond l'impie et l'innocent / Et les frappe à la fois d'un foudre inévitable / Sa justice tardive approche lentement / Mais de son pied boiteux elle atteint le coupable ».

des peuples et des nations sans péché ? Totale vanité ! Car nous péchons et tous, nous avons péché, je le sais[169] : nés dans la souillure, nous vivons dans la souillure et, pour plaisanter avec le Satyrique[170], les armements du ciel n'auraient plus de flèches si la foudre était toujours envoyée sur ceux qui le méritent. Ce n'est pas comme les poissons qui, nés et nourris dans le sel, ne sont cependant pas salés : ainsi faudrait-il penser que les hommes, nés dans cette souillure, soient eux-mêmes sans souillure ? Mais si tous sont coupables, comment les peuples seraient-ils innocents ? Car le châtiment est toujours fort justement le compagnon de la faute.

Mais il y a là une inégalité qui me choque : certains ont commis de petits péchés et sont tourmentés alors que d'autres, grands pécheurs, sont florissants et règnent. Ainsi c'était ça ! Tu vas donc, à mon avis, prendre la balance des mains de la justice céleste et tu l'équilibreras avec ton sentiment et tes poids. Car sinon, où tend cette estimation de l'égalité ou inégalité des crimes que tu assumes, mieux que Dieu ?

Mais pense bien ici, Lipse à deux choses :

En premier : l'homme ne peut ni ne doit juger les crimes d'autrui. Comment le ferait-il ? Toi, pauvre mortel, tu pèserais équitablement des fautes que tu ne remarques même pas ? Toi, tu les discernerais légitimement alors que tu ne les vois pas ? Tu m'accorderas aisément que c'est l'âme qui pèche, par le moyen du corps certes et les instruments des sens, mais c'est en elle que résident tout le mouvement et le poids du crime. C'est si vrai que tu admets que, si quelqu'un pèche involontairement, il ne pèche pas. Mais, si c'est le cas, comment, je te le demande, percevras tu le péché quand tu ignores son berceau et son siège ? Car, assurément, tu ne peux pas davantage voir la pensée d'autrui que la tienne. C'est donc une grande vanité ou témérité de ta part que de réclamer l'appréciation et la censure d'une chose que tu n'as pas bien vue et ne dois pas voir, que tu n'as pas connue ni ne dois connaître.

Pense, en second lieu, que, si c'est bien effectivement le cas, il n'y a là rien de mauvais ni d'injuste. Rien de mal car c'est pour leur bien que certains sont châtiés tout de suite et pour de petites fautes. C'est

169 Allusion au dogme du péché originel. Voir Chap. XVII.

170 Juvénal, *Satires*, XIII, 83 mais Juvénal évoque les traits lancés sur les coupables et pas sur les innocents.

de l'amour[171] divin : le retard est toujours suspect à quoi s'attache une punition plus lourde. Ce n'est pas injuste car je l'ai dit, nous méritons tous la punition ; il n'existe pas, même chez les meilleurs, une pureté telle qu'il ne reste pas des taches à laver dans cette eau salée des malheurs. C'est pourquoi, mon jeune ami, abandonne ce débat inextricable de l'estimation des fautes ; toi, juge terrestre et subalterne, laisse faire Dieu qui, de son tribunal céleste, connaît beaucoup mieux, avec plus de certitude et d'équité. Lui seul peut peser équitablement les mérites, lui qui, sans déguisement ni fard, voit la vertu et le vice sous leur propre visage. Qui lui en imposera, à lui qui scrute également l'extérieur et l'intérieur, qui voit le corps et l'esprit, les langues et les cœurs, ce qui est découvert et ce qui est caché ? Il ne voit pas seulement les faits mais leurs causes et leur progrès, en pleine lumière. Thalès, interrogé jadis, *si l'injuste pouvait tromper les dieux* répondit fort justement : *non, pas même en pensée*[172].

Mais nous, au contraire, nous sommes dans le brouillard, nous qui non seulement ne voyons pas les crimes cachés, commis (comme on dit) sous le pli du manteau, mais qui avons du mal à voir ce qui est découvert et déjà mis en lumière. Car nous ne voyons pas la faute elle-même et sa violence mais des traces externes de la faute commise et déjà passée. Nous tenons souvent pour excellents ceux qui, pour Dieu, sont les pires et, à l'inverse, pour réprouvés ceux qui sont élus[173]. Donc, si tu es sage, tu fermeras tes yeux et ta bouche sur les hommes de mérite et sans mérite car des causes si obscures ne sont pas bien connues en dehors du tribunal[174].

---

171 *Dilectio* qui désigne un amour réfléchi.

172 Diogène Laërce, *Vies*, I, 36 « Quelqu'un lui demanda si un homme pouvait commettre une injustice à l'insu des dieux. "Il ne peut même pas en avoir l'idée" dit Thalès. »

173 Allusion possible à la conception réformée de l'élection et à la difficulté de percevoir qui sont les élus ou les réprouvés.

174 Lipse file jusqu'au bout et lourdement la métaphore traditionnelle du tribunal où l'on vient plaider la cause de Dieu.

CHAP. XVII

Réponse à la troisième objection, de la transmission des peines.
On montre par des exemples que cela arrive aussi chez les hommes.
Ce qui, pour Dieu, est cause de ce transfert
et plusieurs choses d'une assez curieuse subtilité.

Dissipons maintenant ce troisième brouillard qui te cache la justice, celui des punitions substitutives Il n'est pas juste, dit-on, que Dieu transfère les peines et c'est à tort que les descendants paient les fautes des ancêtres[175]. Hé quoi ! Est-ce nouveau ou étonnant ?

Ce qui m'étonne moi, c'est l'étonnement de ces étonnés[176] parce qu'ils font chaque jour la même chose chez eux. Dis moi, mon ami, ne transmettent-ils pas à leurs enfants les bénéfices que le Prince a donnés à leurs ancêtres pour leur vertu ? Assurément, ils le font et il en va de même des amendes et des peines qui leur ont été imposées pour leurs crimes. Vois par exemple le cas du crime de lèse-majesté ou de haute trahison où il est évident que les uns pèchent et d'autres sont punis ; la cruauté humaine s'étend au point qu'il y a des lois qui punissent de pauvreté éternelle des enfants innocents *pour que la mort soit pour eux consolation et la vie supplice*[177]. Que vos esprits sont mauvais ! Vous voulez bien permettre à un roi ou à un prince de le faire mais pas à Dieu[178] qui, cependant, si vous regardez bien, a une raison bien plus juste pour cette sévérité. Car tous, en un seul, nous avons péché[179] et avons été rebelles à ce grand roi ; et par tous ces surgeons de la souche, la tache originelle s'est propagée jusqu'aux infortunés nouveaux nés[180]. Ainsi, il y a devant Dieu un réseau et une chaine de crimes ; par exemple, ce

175 *Cf.* Jérémie, XXXI, 29. « Les pères ont mangé des raisins verts et les dents des fils en ont été agacées ».

176 En latin *miriones*. Il y a là un jeu de mots allitératif sur *miror, mirari, miriones*.

177 Justinien, *Pandectes* IV, III, § 15 (*ad legem juliam majestatis*) § 4 ; Gratien, *Decretum* 2, 6, 1 : allusion à une loi du Ve siècle privant les descendants d'un traitre de tout héritage ou possibilité de faire carrière.

178 Hiérarchie graduelle : prince < roi < Dieu.

179 St Paul sur le péché d'Adam, *Ep. aux Romains*, V, 12.

180 Propagation du péché originel sur un modèle biologique de maladie héréditaire et non plus sur le modèle sociopolitique de la transmission d'un héritage.

n'est pas mon père ou le tien qui a commencé mais tous les pères de nos pères. Quoi d'étonnant alors s'il punit dans la postérité des délits qui ne sont pas proprement séparés mais liés par une communauté de semence ininterrompue ?

Mais laissons de côté ces choses sublimes et procédons avec toi d'une suite de raisons plus commune. Sache que Dieu unit ce que, par faiblesse ou ignorance, nous séparons ; il ne voit pas les familles, les cités, les royaumes comme quelque chose de divers et de confus mais comme un corps et une seule nature. La famille de Scipion ou celle de César, pour lui c'est tout un. La ville de Rome ou d'Athènes, de toute leur durée, ne sont qu'un. Un encore l'empire romain. Car il y a un lien, une société de lois et de droit qui relie ces grands corps[181] et qui fait que, même séparés par les âges, il y a une communauté de récompenses et de peines. Ainsi les Scipions furent jadis bons ? Que cela profite aussi à leurs descendants auprès du juge céleste. Mauvais ? Que cela leur nuise. Les Flamands, il y a des années, furent lascifs, avares, impies ? Il faut que nous subissions le châtiment parce que dans toute punition externe, Dieu ne considère pas seulement le présent mais regarde encore le passé et il équilibre équitablement dans la balance de sa justice, l'importance de ces deux temps.

J'ai dit les punitions externes et je voudrais que tu le notes. Ce ne sont pas les fautes qui sont transmises et il n'y a pas confusion de crimes ; tant s'en faut, mais ce sont des peines ou des corrections qui sont autour de nous et pas en nous, qui concernent les corps ou les biens mais pas l'âme intérieure. Quel tort ici ? Nous voulons bien hériter des avantages et des récompenses qu'ont mérité nos ancêtres ; pourquoi récuserions-nous les charges et les peines ?

Romain, tu paies les fautes de tes ancêtres, sans l'avoir mérité[182].

Chante le poète romain et c'est vrai, si l'on n'ajoute pas « sans l'avoir mérité ». De façon tout à fait méritée, parce que les ancêtres l'ont mérité. Mais le poète a vu l'effet sans remonter jusqu'à la cause. Tout comme, en un seul et même homme, nous punissons avec justice dans sa vieillesse

181 Cicéron, *Des lois*, I, 7 (sur la droite raison, loi commune aux hommes et aux dieux), et 23 (conclusion du livre I).

182 Horace, *Odes*, III, 6, 1-2. « Il te faudra expier les fautes de tes aînés, / Romain, tant que tu n'auras pas remis à neuf / Les sanctuaires délabrés des dieux, / leurs temples et leurs statues noircies de suie ». Lipse l'appelle d'abord *vates* qui désigne un poète inspiré de dieux.

une faute commise dans sa jeunesse, ainsi Dieu punit de vieilles fautes dans les royaumes et les empires parce que, en raison de la communauté externe, c'est un seul ensemble lié pour Dieu. Ces intervalles de temps ne nous séparent pas devant lui qui tient toute l'éternité enfermée dans son ample intelligence[183].

Mais ces loups de Mars[184] ont ils jadis impunément renversé tant de villes, brisé tant de sceptres ? Ont-ils épuisé tant de carnages et de sang sans en verser une goutte ? C'est alors que finirais par avouer qu'il n'y a pas de dieu vengeur *qui entend et voit tout ce que nous faisons*[185]. Mais ce n'est pas le cas ; il est parfois nécessaire qu'ils acquittent des peines retardées mais non tardives, même en leurs descendants.

Il n'y a pas seulement en Dieu conjonction de temps mais aussi de parties. Voilà ce que je veux dire : lorsqu'un homme a péché par la main, le sexe, le ventre, il le paie en tout son corps ; ainsi, dans une communauté, le crime du petit nombre tombe souvent sur tous, surtout si ceux qui pèchent sont comme des membres plus dignes, tels que les rois, les princes, les magistrats. Dans sa pénétrante sagesse Hésiode a bien dit :

Pour le crime d'un seul, la ville toute entière paie / si quelqu'un commet un sacrilège ou une injustice. / Jupiter alors envoie du haut du ciel des catastrophes / Peste ou famine[186].

Ainsi a péri toute la flotte des Argiens,
Pour le crime et la folie d'un seul, Ajax, fils d'Oïlée[187].

Ainsi en Judée, la peste a très justement supprimé soixante dix mille hommes pour punir la convoitise injuste d'un roi[188].

---

183 En latin *mens*.

184 Métaphore pour désigner les guerriers romains. Les Romains sont les descendants de Remus et Romulus, fils de la vestale Rhéa Silvia, violée par Mars, qui ont été nourris par une louve. Tite Live *Histoire de Rome*, I, 4.

185 Plaute, *Les captifs*, 313 : « *Est profecto deus qui, quae nos gerimus, auditque et videt*. Il y a assurément un dieu qui entend et qui voit tout ce que nous faisons ». Mais chez Plaute ce dieu n'est pas vengeur.

186 Hésiode, *Les travaux et les jours*, 240-243.

187 Virgile, *Énéide*, I, 41.

188 Allusion au roi David, *II Samuel*, Chap. 24 : David fait le dénombrement du peuple d'Israël en dépit des remontrances de son lieutenant Joab, pour en compter le nombre de guerriers (800 000). Dieu donne à David le choix entre trois punitions : une famine de 7 ans, une fuite de 3 mois devant l'ennemi ou une peste de 3 jours. Dieu envoie la peste qui fait mourir 70 000 hommes.

De temps en temps, c'est l'inverse : là où tous ont péché, Dieu en choisit un, ou quelques uns, en victimes expiatoires du crime public. En quoi, s'il s'éloigne quelque peu du strict droit de l'égalité, une nouvelle équité naît cependant de l'iniquité même ; ce qui paraît cruauté pour quelques uns est une justice clémente pour beaucoup. La férule du maître d'école ne frappe-t-elle pas un seul élève de la bande dissipée ? Le général ne punit-il pas l'armée en débandade en en tuant un dixième ? Dans les deux cas, la décision est sage parce que la punition d'un petit nombre terrifie et amende tous les autres. J'ai vu souvent des médecins inciser une veine au pied ou au bras quand tout le corps souffre. Qui sait s'il n'en va pas de même ici ?

Ces secrets sont vraiment des secrets, Lipse. Si nous sommes sages, nous ne toucherons pas de trop près ce feu sacré ; nous, hommes, nous pouvons peut-être en voir quelques étincelles et braises mais pas le voir, lui[189]. Comme ceux qui regardent trop fixement le soleil y perdent la vue, ainsi ceux qui tendent leur esprit vers cette lumière y perdent la lumière de l'esprit. Il nous faut nous abstenir, je pense, de cette recherche indiscrète et périlleuse ; tenons seulement pour constant que les crimes ne peuvent ni ne doivent être estimés humainement ; que Dieu a une autre balance et tribunal et que, quels que soient ses jugements secrets[190], nous ne devons pas les contester mais les craindre et les supporter.

Je te propose cette seule formule par laquelle je termine et ferme la bouche à tous les Curions[191] :

Bien des jugements de Dieu sont cachés mais aucun n'est injuste[192].

189 On peut penser ici à l'épisode de Moïse devant le buisson ardent. *Exode*, III.

190 Voir Paul, *Lettre aux Romains*, XI, 33 : « Que ses jugements sont impénétrables et ses voies incompréhensibles ! ».

191 *Cf.* livre I, Chap. XX, note 186 ; allusion au théologien protestant Caelius Curio Secundus (1503-1569), critique de l'omniscience et omnipotence divine.

192 Augustin, *Cité de Dieu*, XVIII, Chap. XVIII, 2.

CHAP. XVIII

On passe au dernier point, sur les exemples. On y montre qu'il est parfois utile de mêler quelque chose d'agréable à un médicament amer.

Voilà, Lipse, ce que je pensais devoir dire de la justice divine contre ces injustes critiques ; cela ne relevait pas complètement de mon sujet, je le reconnais, sans lui être pour autant étranger car nous supporterons assurément plus aisément et plus volontiers ces malheurs si nous sommes persuadés qu'ils ne sont pas injustes. À ce moment là, Langhe s'interrompit à nouveau puis reprit : Bien, j'ai repris haleine ; j'ai triomphé des écueils de ces disputes et il me semble que je puis entrer voiles déployées dans le port. Je vois mon quatrième et dernier bataillon et je l'avancerai bien volontiers. Comme les marins, voyant les Gémeaux[193] dans la tempête, en conçoivent une grande espérance et allégresse, ainsi pour moi quand, après ces tourbillons, m'apparut cette légion double[194]. Permets moi de l'appeler ainsi, selon la vieille coutume, car elle est à double tête et, par elle, je dois vaincre deux ennemis : Les maux dont nous souffrons maintenant ne sont ni bien lourds ni nouveaux. Dans ces quelques points qu'il me reste à traiter, accorde moi, Lipse, attention et bonne volonté.

Absolument, Langhe. Moi aussi, je suis content d'avoir franchi ces écueils et j'aspire fortement à passer d'une médecine sévère et âpre à une autre plus douce et familière. Et l'étiquette m'indique que cela sera bien le cas.

Tu ne te trompes pas, dit Langhe. Comme les médecins, après avoir suffisamment coupé et brûlé[195], n'abandonnent pas le malade dans un état désespéré et lui appliquent des baumes adoucissants et de émollients pour soulager ses douleurs, ainsi vais-je faire avec toi. Après t'avoir suffisamment purgé par le fer et le feu de la sagesse, je te réchaufferai maintenant par des propos plus modérés et je te conduirai d'une main plus douce. Je descendrai du sommet ardu de la Philosophie et je t'emmènerai un

193 La constellation des Gémeaux, Castor et Pollux, annonçait le beau temps selon les Anciens.

194 *Cf.* Jules César, *Guerre civile*, III, 4, § 1 La légion double était une légion de Pompée composée de deux légions de vétérans siciliens.

195 *Urere et secare* : inciser et cautériser, reprise de la métaphore de la médecine forte.

peu dans les prés charmants de ta Philologie[196]. Et cela non point tant pour te divertir que pour te guérir. Comme fit, dit-on, Démocharès le médecin[197] : soignant Considia, une femme noble qui détestait tout médicament trop amer, il lui fit boire habilement du lait d'une chèvre qu'il nourrissait de lentisques ; de même, je te verserai à boire des histoires distrayantes mais teintées du suc caché de la Sagesse. Qu'importe comment on guérit un malade pourvu qu'on le guérisse parfaitement.

CHAP. XIX
Les maux publics ne sont pas aussi graves qu'ils le semblent. On le montre d'abord rapidement par la raison. On craint généralement ce qui les entoure plus que la chose même.

Arrive maintenant, ma légion, et, d'abord, le premier escadron avec lequel nous soutenons que ces maux ne sont pas graves. Nous voulons le faire avec un double trait, par raison et par comparaison.

Par raison : si tu la considères, tous les maux qui adviennent ou menacent ne sont en vérité ni grands ni lourds mais le paraissent seulement. C'est l'opinion qui les élève, les exagère et les exhausse comme sur des cothurnes[198]. Enlève, si tu es sage, cette nuée qui les entoure et vois la chose dans une claire lumière.

Par exemple, tu crains dans ces malheurs publics la pauvreté, l'exil, la mort. Mais si tu les envisages d'un œil droit et ferme, qu'ils sont petits ! Si tu les pèses de leur poids, qu'ils sont légers ! La guerre ou la tyrannie te ruinera par de nombreux impôts. Et alors ? Tu seras donc pauvre. Est-ce que la nature ne t'a pas fait pauvre et ne te reprendra pas tel[199]. Si ce nom triste et peu glorieux te déplait, change le ; tu en

196 Lipse était philologue, professeur de latin et non pas philosophe en titre.

197 Pline l'ancien, *Histoire naturelle*, XIV, 28, § 2 : « Je sais que le médecin Damocrates, dans la maladie de Considia, fille de M. Servilius, personnage consulaire, laquelle se refusait à tout traitement sévère, la mit avec succès à l'usage prolongé du lait de chèvres qu'il nourrissait avec du lentisque ».

198 Le *cothurnus* était une chaussure à talons portée par les acteurs sur scène pour être mieux vus.

199 Allusion à la nudité de la naissance et de la mort.

seras débarrassé. C'est la Fortune qui t'a élevé, si tu ne le sais pas, et t'a déposé dans un lieu plus sûr ; personne ne te ruinera davantage. Ce que tu pensais être un dommage est en fait un remède. Mais je serai exilé. Mieux, si tu le veux, tu seras un voyageur. Change ton attachement et tu changes de patrie ; le sage est partout en séjour étranger, l'insensé partout en exil. Mais le tyran me menace de mort ! Comme si la nature ne le faisait pas tous les jours. Mais cette mort-là, par le glaive ou la corde, est infâme. Sot ! Ni cette mort ni une autre ne sont infâmes si ta vie ne l'est pas. Convoque, depuis l'origine du monde, tous ces gens excellents et ces grands personnages qui ont péri de mort violente.

Cet examen, Lipse, dont je ne te donne qu'un avant goût, doit être appliqué à tout ce qui te semble terrifiant ; et il te faut l'examiner tout nu, sans vêtement ou déguisement d'opinions. Mais, pauvres de nous, nous nous tournons vers des choses externes et vaines : nous ne craignons pas les choses mêmes mais tout ce qui les entoure. Si tu navigues sur la mer et qu'elle grossit, ton esprit t'abandonne et tu trembles, tout comme si tu avais fait naufrage et qu'il te fallait boire toute la mer quand une ou deux pintes suffiraient à te noyer. S'il y a un tremblement de terre, quel tapage et quelle crainte ! Tu crois que la ville entière, ou du moins ta maison, va te tomber dessus et tu ne sais pas qu'un seule pierre suffirait pour t'écraser la cervelle.

Il en va de même dans ces calamités : ce qui nous terrifie surtout, c'est le vacarme et l'image complètement vaine que nous nous en faisons. Voici un soldat ! Voici des glaives ! Et quoi ? Ces soldats, ces glaives, que feront ils ? Ils tueront. Qu'est-ce qu'un meurtre ? Une simple mort ou, pour éviter que ce mot ne te terrifie, la séparation de l'âme et du corps. Tous ces régiments de soldats, tous ces glaives menaçants feront la même chose qu'une simple fièvre, un pépin de raisin, un simple ver. Mais ce sera plus dur. Au contraire, plus doux. Cette fièvre que tu préfères tourmente souvent un homme une année entière alors qu'ici, cela se passe d'un seul coup, en un instant.

Socrate avait donc raison, lui qui avait coutume d'appeler tout cela *mormolukêïa* (épouvantail) ou masques[200]. Si tu en mets un, tu ne vois pas que les petits enfants te fuient ? Mais pose-le, montre toi avec ton vrai visage, ils reviennent et t'embrassent. Même chose ici : si tu enlèves les

200 *Cf.* Platon, *Phédon*, 77e et Sénèque, *Constance du sage* V, 2 « nous ressemblons à l'enfant qui s'épouvante d'une ombre, de la laideur d'un masque ou de la difformité d'un visage… ».

masques et que tu les vois sans apparat, tu avoueras que tu as éprouvé une peur infantile. Comme s'éparpille la grêle qui frappe les toits avec grand fracas, ainsi ces malheurs, quand ils tombent sur une âme ferme, se brisent mais ne la brisent pas.

CHAP. XX

On en vient à la comparaison. Et d'abord qu'on a exagéré les malheurs de ce siècle en Flandre. Cette opinion se réfute en général en montrant que l'esprit humain est prompt à augmenter ses chagrins.

Ce discours si sérieux de Langhe ne répondait pas à mon espérance ni à mon sentiment. Aussi je l'interrompis. Où vas tu ? Est-ce cela que tu avais promis ? J'attendais du vin miellé et les douceurs des histoires mais, toi, tu me tires du vinaigre et ce qu'il y a de plus fort dans le sanctuaire de la sagesse. Que penses tu donc ? Que tu as affaire à quelque Thalès[201] ? Non, à Lipse, homme parmi les hommes, qui désire des remèdes un peu plus humains.

Langhe, la voix et le visage indulgents : je le reconnais, tu me blâmes à juste titre. Car je vois qu'en suivant ce pur rayon de la raison, je me suis éloigné de la voie commune et je suis retombé à la dérobée dans le sentier de la Sagesse. Mais je me corrige et je fixe mon pas sur une route plus connue. L'âpreté de ce Falerne[202] te déplaît ? Je l'adoucis par le miel des exemples. J'en viens donc à la comparaison et je montrerai clairement qu'il n'y a rien de grave ni de grand dans les maux qui nous environnent si tu les compares avec ceux de l'antiquité. Il y eut jadis des maux plus grands, sous bien des rapports, et plus douloureux.

Et moi, derechef, avec un geste impatient : que dis tu ?

Et tu penses que vais croire ça[203] *?*

---

201 Un des sept sages de la Grèce qu'évoque Platon dans le *Théétète*.

202 Vin fort et âpre de Campanie. Les Anciens avaient coutume d'adoucir le vin en le sucrant avec du miel.

203 Citation d'Aristophane selon Lipse. R. V. Young propose Amphis, (fin IVe siècle) *Dithyrambes* fragment 2.

Jamais Langhe, tant que cette tête pensera. En regardant vers le passé, si on l'examine correctement, quelle époque fut et sera aussi calamiteuse que la nôtre ? Quel peuple, quel pays a supporté *autant de maux, lourds à raconter, durs à supporter*[204] que nous, aujourd'hui, en Flandre ? Nous voilà ballotés par la guerre, non seulement étrangère mais civile et, pire, intestine. Il n'y a pas seulement entre nous des partis mais de nouvelles fractions de partis. Oh ma patrie, quel salut te préservera ? Ajoutez-y la peste, la famine, les impôts, les vols, les massacres et, à la fin des fins[205], la tyrannie et l'oppression non seulement des corps mais des esprits. Et dans l'Europe quoi d'autre que la guerre ou la crainte de la guerre[206] ? Ou bien, si c'est la paix, elle est jointe à une honteuse servitude sous de petits despotes et elle n'est pas plus heureuse que la guerre. Où que tu tournes les yeux et l'esprit, tout est suspendu et suspect avec, comme dans une maison mal étayée, de nombreux signes de ruine. En somme, Langhe, toutes les calamités, semble-t-il, concourent en notre temps comme les fleuves en l'océan. Et je ne compte que ce qui est présent et quasi sous nos mains, mais que sera-ce de ce qui est imminent ? Je pourrais vraiment ici chanter ces vers d'Euripide :

Je vois devant moi un océan de maux / si immense, que je ne saurais jamais en échapper par la nage[207].

Langhe alors, avec sévérité et sur un ton de reproche : tu retombes encore dans tes lamentations ? Je pensais que tu te tenais déjà fermement debout et tu rechutes ; je pensais tes blessures fermées, tu les rouvres. Mais ton âme a besoin de quelque repos si tu veux guérir. Cette époque est extrêmement malheureuse, dis tu. C'est une vieille chanson. Je sais que ton grand père te l'a dite, ton père aussi, tes enfants et petits enfants la diront aussi. Il est naturel à l'esprit humain de tourner avidement les yeux vers les choses tristes et de passer outre les gaies. Comme les mouches et les insectes de cette sorte ne restent

204 Cicéron, *Tusc.*, II, Chap. 8, qui traduit Sophocle, *Trachiniennes*, 1046.

205 En grec *éschatôn éschaton* ; l'expression a une tonalité apocalyptique.

206 Sur la guerre voir lettre 19, *I Cent*, Papy 2008 p. 56-57. « Car pourquoi la guerre serait-elle un mal ? C'est un fait qu'elle apporte le ravage, la pauvreté, la mort. Pourtant ce ne sont pas des maux, excepté pour les mauvais. Combien d'hommes bons et heureux n'ont-ils pas volontairement désiré la pauvreté ? L'Écriture sainte nous la recommande comme le droit chemin vers le ciel. La mort d'autre part, qu'est-ce ? Est-elle à craindre pour un homme ? À souhaiter plutôt, parce qu'elle est la fin de cette vie extrêmement misérable et le commencement d'une vie meilleure ».

207 Euripide, *Hippolyte*, 822-823.

pas longtemps sur les endroits lisses et propres mais restent accrochés sur ce qui est rugueux et sale, ainsi cet esprit plaintif survole légèrement le meilleur sort et s'accroche au mauvais ; il le touche, l'inspecte et l'augmente beaucoup, avec ingéniosité. Et comme les amants trouvent toujours en leur maîtresse de quoi surpasser toutes les autres[208], ainsi font de leur affliction ceux qui se plaignent. Car nous nous imaginons des choses vaines et nous nous plaignons non seulement du présent mais du futur. Et quel est le prix d'un esprit si sagace ? Cela : comme le mouvement de poussière au loin fait parfois sortir des armées du camp, ainsi l'ombre fausse d'un péril futur nous fait souvent perdre courage.

CHAP. XXI

Réfutation plus appropriée et précise par comparaison avec les maux anciens. D'abord des guerres et de l'extraordinaire malheur des Juifs.

Mais toi, Lipse, abandonne ces propos communs et suis moi dans la comparaison que tu réclames. Ainsi tu verras clairement qu'il s'est produit jadis des malheurs en tous genres, non seulement égaux mais pires, et qu'il y a là matière à se féliciter du temps présent plutôt qu'à s'en plaindre. La guerre, dis-tu, nous agite violemment. Eh quoi ? Il n'y a pas eu de guerres chez les Anciens ? Mais, Lipse, la guerre est née avec le monde et ne cessera qu'avec lui. Peut-être ces guerres ne furent-elles pas aussi grandes et graves que les nôtres ? C'est tout le contraire, et les nôtres ne sont que jeux et enfantillages (je parle sérieusement) comparées à celles des Anciens. Il m'est difficile de savoir où commencer ni finir si je pénètre pour une fois dans l'abîme des exemples ; mais veux tu que nous voyagions un petit peu dans les parties du monde ? Allons y. Commençons par la Judée, c'est-à-dire par le territoire et le peuple sacrés. Je laisse de côté ce qu'ils ont souffert en Égypte ou après la sortie d'Égypte, car cela est raconté et publié dans les livres divins ; j'en viens à la fin de leur histoire et à ce qui est lié à leur destruction. Mon

208 Thème classique de la comédie romaine.

travail[209] sera de les lister un par un. Voilà donc ce qu'ils ont souffert dans la guerre civile et extérieure, en moins de sept ans :

- Premièrement, à Jérusalem, massacrés par ordre de Florus[210] : 630.
- À Césarée[211], tués par les habitants, par haine de ce peuple et de sa religion, en une seule fois : 20 000.
- À Scythopolis[212] (ville de Coele-Syrie[213]) : 13 000.
- À Ascalon[214], en Palestine, tués aussi par les habitants : 2500.
- À Ptolémaïs[215] également : 2000.
- À Alexandrie d'Égypte, sous Tibère Alexandre, gouverneur : 50 000.
- À Damas : 10 000.

Tout cela comme s'il s'agissait de sédition ou de soulèvement populaire. Ensuite, en guerre ouverte et déclarée avec les Romains :

- À Joppé[216], pris et tués par Gessius Florus : 8 400.
- Sur le mont Cabulon : 2 000.
- Dans la bataille d'Ascalon : 10 000.
- Dans des embuscades : 8 000.
- À Aphaca, à sa prise : 15 000.
- Massacrés sur le mont Garizim[217] : 11 600.
- À Jotapa[218], où se trouvait Flavius Josèphe lui-même, autour de 30 000.

---

209 Dans une note marginale, Lipse dit suivre ici les données de Flavius Josèphe dans *Les guerres des Juifs*. Josèphe traite de la rébellion contre Rome en 68-70 qui aboutit à la destruction de la Judée. Le Maistre de Sacy dans ses notes sur la Sainte Bible traduite en français de 1717 recopie cette liste de Lipse.

210 Procurateur de Judée de 64 à 66.

211 Ville de la côte méditerranéenne, entre Jaffa et Dor. Le port construit par Hérode fut appelé Césarée en l'honneur d'Auguste.

212 Scythopolis est le nom que Flavius Josèphe donne à Beït Shéan, ville du nord de la Palestine, au sud de Nazareth, que Pline l'Ancien nomme Nysa.

213 *Coelia Syria* translittération du grec *koïlè Suria* qui désigne la Syrie moins la Phénicie.

214 Ashkelon, ville de la côte méditerranéenne, au sud de la bande de Gaza.

215 Ville grecque de haute Égypte.

216 Aujourd'hui Jaffa, partie sud de Tel Aviv, un des plus anciens ports de Méditerranée.

217 Montagne de Cisjordanie, près de Naplouse, qui constituait un lieu saint pour les Samaritains.

218 Jotapata, ville juive (Yodfat) que Josèphe défendit lors d'un siège de 47 jours. Les assiégés, à la différence de Josèphe, qui se rendit à Vespasien, préférèrent mourir plutôt que de se rendre aux Romains.

– À Joppé prise une deuxième fois, noyés : 4 200.
– À Tarichée[219], massacrés : 6 500.
– À Gamala[220], tués ou suicidés, 9000 ; pas un seul homme de cette ville ne fut sauvé, sauf deux sœurs.
– À Giscala[221] désertée : 2 000 furent tués dans leur fuite et 3000 femmes et enfants furent pris.
– À Gadara[222] abattue : 13 000 tués, 2 200 captifs, sans compter ceux, innombrables, qui se jetèrent dans le fleuve.
– Dans les bourgs d'Idumée[223] : 10 000 morts.
– À Gerasa[224] : 1000.
– À Machéronte[225] : 1700.
– Dans la forêt de Jardes : 3000.
– Dans le fort de Massada[226], morts de leur propre main : 960.
– À Cyrène[227], assassinés par le gouverneur Catule : 3000.
– Et dans la ville même de Jérusalem, pendant la durée du siège, un million de morts ou de tués, et 97 000 captifs.

En laissant de côté un très grand nombre, le total fait 1 240 000[228] morts. Qu'en dis-tu Lipse ? Tu baisses les yeux ? Lève les plutôt et ose comparer le malheur d'un seul peuple avec quelques années de guerre dans le monde chrétien. Et pourtant, comparé à l'Europe, quelle toute petite part d'hommes et de territoire.

---

219 Ville de Galilée située à l'embouchure du Jourdain au sud du lac de Tibériade.
220 Ville située sur le plateau du Golan.
221 Ville de Galilée.
222 Ville de Jordanie, au SE du lac de Tibériade.
223 Région qui s'étend du sud des monts de Judée au nord du Néguev.
224 Jerash en Jordanie, ville fondée par les Grecs.
225 Muchawir en Jordanie, sur la côte orientale de la Mer morte, censée être le lieu du supplice de Jean Baptiste.
226 Forteresse surmontant la mer morte, construite par Hérode. Des Juifs s'y réfugièrent après la chute de Jérusalem en 70 pour y tenir tête aux Romains qui finirent par prendre la place forte en 73. Les défenseurs préférèrent se suicider plutôt que d'être pris vivants.
227 Ville grecque au NE de la Libye.
228 Le total est en fait de 1 339 690 morts. La correction est faite dans l'édition de Louvain de 1637.

CHAP. XXII
Des malheurs de la guerre chez les Grecs et les Romains. Grand nombre de gens tués par quelques chefs. Dévastation du Nouveau Monde et misères de la servitude.

Je n'insiste pas là dessus et j'en viens à la Grèce. Classer par ordre toutes les guerres, soit internes soit externes, serait long et infructueux. Je dis seulement ceci : la Grèce fut à ce point épuisée et tondue par ce couperet continu de malheurs que Plutarque rapporte (ce que je n'ai jamais pu lire sans étonnement ni colère) qu'on ne put, de son temps, réunir trois mille soldats, nombre qui, jadis pourtant, lors de la guerre des Perses, constituait le contingent de la petite ville de Mégare[229]. Hélas, où es tu tombée, fleur de la terre, soleil et sel des nations ! Aujourd'hui, dans cette Flandre usée, tu trouverais difficilement une ville de quelque renom qui n'atteindrait pas ce nombre d'hommes propres à combattre.

Passons-nous en revue maintenant les Romains et l'Italie ? Augustin et Orose[230] m'ont soulagé depuis longtemps du fardeau de ces recensions. Vois chez eux ces océans de maux. La seule seconde guerre punique[231], en Italie, Espagne, Sicile, a consumé plus de quinze cent mille hommes (je l'ai recherché avec soin) en moins de dix-sept ans. La guerre civile entre César et Pompée, jusqu'à trois cent mille et plus encore celles de Brutus, Cassius et Sextus Pompée. Et pourquoi recenser des guerres faites sous le commandement et la responsabilité de plusieurs ? En voilà un seul, Jules César (oh, peste et fléau du genre humain !), qui avoue et même se glorifie d'avoir fait périr au combat onze cent quatre vingt douze mille hommes[232] ; et cela sans compter les carnages des guerres civiles. Dans les quelques années où il a commandé en Espagne et

229 Plutarque, *Sur la disparition des oracles*, § 8 : « Or, à la suite des séditions et des guerres passées, il s'était fait un dépeuplement général, qui avait frappé en grande partie la Grèce : elle aurait aujourd'hui de la peine, dans toute son étendue, à fournir trois mille hoplites, c'est-à-dire autant que la seule ville de Mégare en envoya jadis à Platée ».

230 Apologiste espagnol du ve siècle qui composa, à la demande d'Augustin, une *Histoire contre les païens*, pour prouver que les hommes n'étaient pas plus heureux avant l'époque chrétienne et que la chute de Rome n'était pas due à l'abandon de la religion païenne.

231 Guerre entre Rome et Carthage, 218-202 av. J.-C.

232 Pline, *Histoire naturelle*, VII, 25, « 1 192 000 hommes ont péri dans les combats livrés par lui : ce n'est pas que je le glorifie d'un mal si grand, fait, même par nécessité, au genre

en Gaule, il a commis ces meurtres dans des guerres étrangères. Et cependant, sur ce point, il a été surpassé par le Grand <Pompée> qui inscrivit sur le sanctuaire de Minerve que *le nombre d'hommes renversés par lui, mis en fuite, tués, ayant capitulé, se monte à deux millions cent quatre vingt trois mille*[233]. Ajoute à cette liste, si tu veux, Quintus Fabius[234] qui tua cent dix mille Gaulois, C. Marius deux cent mille Cimbres[235] et, à l'époque suivante, Aetius qui, dans la bataille mémorable des champs catalauniques[236], a tué cent soixante deux mille Huns.

Ne pense pas qu'il n'y eut dans ces guerres qu'un si grand nombre de cadavres ; il y eut aussi des villes. Caton le censeur se vante d'avoir pris en Espagne, plus de villes qu'il n'y a passé de jours[237]. Sempronius Gracchus, si l'on en croit Polybe, en a anéanti trois cent dans ce même pays[238]. Aucune époque, à mon avis, ne rivalise avec ces exemples, si ce n'est la nôtre, mais dans un autre Monde.

Ce petit nombre d'Espagnols qui, il y a quatre vingt ans, se sont portés dans ces immenses terres neuves, que de morts violentes, mon Dieu, que de carnages ont ils causés ! Je ne discute pas des causes[239], ni du droit de la guerre mais des faits. Je considère cet immense territoire – qu'il serait grand d'avoir découvert et non pas vaincu – envahi par vingt et trente soldats et ici et là, ce troupeau sans armes abattu comme la moisson sous la faux. Où es tu, toi Cuba, la plus grande île ? Et toi Haïti ? Et vous, les îles des Bahamas ? Jadis pourvues de cinq à six cent mille hommes et qui n'en avaient gardé à peine quinze mille pour semence. Montre toi aussi un peu, Pérou et toi, Mexique, avec,

---

humain ; il a condamné lui-même de pareils succès, en ne rapportant pas le nombre de ceux qui ont été tués dans les guerres civiles ».

233 Pline, *Histoire naturelle*, VII, 27, § 2, qui parle, lui, de 12 183 000 hommes soumis ou tués, et 1538 villes soumises.

234 Quintus Fabius Maximus Allobrogicus, consul qui fit la guerre aux Gaulois et remporta une victoire sur les Allobroges en 121 av. J.-C.

235 Tite Live *Histoire romaine*, Sommaire du livre LXVIII compte 140 000 tués et 60 000 prisonniers.

236 La bataille des champs catalauniques, en 451, opposa les Romains, Gallo-romains et Allemands aux troupes d'Attila. Elle mit fin à l'avancée des Huns vers l'Ouest et devint le mythe de la victoire des chrétiens contre les Huns. *Cf.* Grégoire de Tours *Histoire des Francs*, II, 7 qui attribue la victoire à l'intervention miraculeuse de l'évêque d'Orléans.

237 Plutarque *Vies des hommes illustres*, Caton le censeur, § XIX « il prit plus de villes en Espagne qu'il n'y demeura de jours ».

238 Tite Live Sommaire du livre XLI ne précise pas le nombre de villes soumises.

239 Sens juridique du terme.

hélas ! quel étonnant et misérable aspect ! Cette immense étendue et, véritablement, un autre monde, apparaît dévasté et ruiné, tout comme si un feu divin l'avait consumé. Ma parole et mon esprit me faillent, Lipse, quand je repense à cela ; et tous nos malheurs, par comparaison, ne sont que des fétus de paille ou de minuscules charançons, comme dit le Comique[240].

Et pourtant je n'ai rien dit de cette loi de l'esclavage, ce qu'il y a de plus cruel dans les guerres anciennes. Hommes libres, nobles, enfants, femmes, le vainqueur les arrachait tous, pour une servitude éternelle, qui sait ? Certes, l'esclavage n'existe plus et je me réjouis qu'il n'en reste pas trace dans le monde chrétien. Les Turcs[241] le pratiquement effectivement et c'est là ce qui rend pour nous la domination des Scythes[242] si odieuse et si effrayante.

CHAP. XXIII

Exemples très remarquables de peste et de famine chez les Anciens. Importance aussi des impôts et des pillages jadis.

Mais tu persistes dans ta requête et tu ajoutes encore la peste et la famine, les impôts et les pillages. Veux tu que nous les comparions un à un, mais brièvement ?

Dis moi combien la peste a emporté de milliers de gens dans toute la Flandre ces cinq ou six dernières années. À mon avis, cinquante mille ou, pour compter large, cent mille. Mais, dans la seule Judée, sous le roi David, la peste en a englouti soixante dix mille en moins d'un jour[243]. Sous les empereurs Gallien et Volusien[244], la peste, partie d'Éthiopie, a envahi toutes les provinces romaines et les a épuisées pendant quinze années consécutives de manière incroyable[245]. Et, selon ce que j'ai lu,

240 Plaute (le comique par excellence pour Lipse) *Le cordage (Rudens)*, 1325.

241 Turc est alors un terme générique qui désigne les Musulmans.

242 Les Scythes, peuple d'Eurasie, désignent les Barbares turcophones de l'Est de l'Europe et donc le despotisme musulman.

243 II Samuel XXIV :15.

244 Empereur de Rome au IIIe siècle.

245 Zonare, *Histoire romaine*, XII, 21.

il n'y eut jamais de pire épidémie, ni pour l'ampleur ni pour la durée. Plus remarquable cependant par son impétuosité et sa violence fut celle qui, sous Justinien, attaqua Byzance et ses environs ; sa force fut si grande qu'elle faisait mourir chaque jour *cinq mille* et parfois *dix mille* personnes. Je dirais cela avec prudence et défiance s'il n'y avait des témoins contemporains très fiables[246]. Tout aussi étonnante fut la peste d'Afrique qui, née après la chute de Carthage, détruisit dans la seule Numidie *quatre vingt mille* hommes, en Afrique maritime *deux cent mille* personnes et, à Utique, *trente mille* soldats restés pour défendre la frontière[247]. Derechef en Grèce, sous l'empire de Michel Ducas, elle fut si cruelle que, selon les mots de Zonare[248], *il n'y avait plus assez de vivants pour enterrer les morts*. Enfin du temps de Pétrarque[249], comme lui–même le rapporte, il s'abattit sur l'Italie une peste si puissante que, sur mille hommes, à peine dix survivaient.

Quant à la famine, ni nous ni notre époque n'avons assurément rien vu si nous regardons l'Antiquité. Sous l'empereur Honorius, à Rome[250] les denrées étaient si rares et chères que les hommes étaient déjà une menace les uns pour les autres et que, dans le Cirque, on entendit clairement dire : VENDEZ DE LA CHAIR HIMAINE[251]. Sous Justinien[252], dans toute l'Italie dévastée par les Goths, la famine fut si grande que, dans le seul Picenum[253], *cinquante mille* hommes moururent de faim et que, dans certains endroits, on en vint à manger non seulement de la chair humaine mais des excréments humains[254]. Deux femmes (le raconter me fait horreur) avaient tué dix sept hommes dans des embuscades nocturnes et les avaient mangés ; elles-mêmes furent tuées par le dix huitième qui avait compris ce qui se passait. Et je ne parle pas de la famine de la ville sainte dont les exemples sont bien connus.

246 Il s'agit de Procope de Césarée (*Histoire des guerres*, II, 23, 1-2) et d'Agathias (*Histoire*, V, 10), historiens du VIe siècle, qui ont écrit l'histoire du règne de Justinien. L'épidémie de peste date de 558.

247 Note marginale : Orose, *Histoires contre les païens*, livre VI, Chap. 8.

248 Zonare, *Annales*, XVIII, 17.

249 Pétrarque (poète italien du XIVe siècle), *Lettres familières*, VIII, 7, 12.

250 Flavius Honorius, empereur de Rome de 395 à 423.

251 Zosime, *Histoire nouvelle*, livre VI, 11.

252 Procope, *Histoire de la guerre contre les Goths* II, 20, § 2-3.

253 Picenum : région d'Italie orientale, au sud d'Ancône.

254 La référence aux excréments ne se trouve pas chez Procope. Il semble que cela soit un ajout de Lipse.

S'il faut encore dire quelque chose des impôts, je reconnais que ceux qui nous pressent sont lourds mais seulement si on les considère à part et en eux-mêmes, et non si on les compare avec ceux des Anciens. Presque toutes les provinces, sous l'empire romain, acquittaient chaque année le *cinquième* du revenu des pâturages et le *dixième* de celui des cultures. Ni Antoine ni César ne manquèrent d'exiger en une seule année les impôts de neuf ou dix ans[255]. Après l'assassinat de César, quand on prit les armes pour la liberté, chaque citoyen reçut l'ordre de payer le *vingt-cinquième* de tous ses biens et, plus important, tous les sénateurs *six as*[256] pour chaque tuile de leurs maisons, contribution énorme, impossible à croire et à payer, de notre point de vue. Mais César Octavien (je crois que c'est de là qu'il a tiré son nom[257]) exigea et reçut la huitième partie de tous les biens des affranchis[258]. J'omets ceux que les Triumvirs[259] et les autres tyrans ont fait, pour éviter que mon propos ne donne des idées aux nôtres.

Je ne prendrai qu'un seul cas, tiré des colonies, comme exemple de ces exactions et de ces pillages. Et tout comme on n'a rien trouvé de mieux pour renforcer la puissance de l'État, on ne peut rien concevoir de plus affligeant pour les peuples assujettis. On emmenait un peu partout dans les villes et dans les champs des cohortes et des légions de vétérans, et, en un instant, les malheureux provinciaux voyaient s'envoler tous leurs biens et leur fortune. Ils n'avaient rien osé ni mérité pour cela ; leur seul crime était de posséder des champs et des biens. En cela apparaît le gouffre de tous les malheurs. Il est bien triste d'être dépouillé de son argent, mais qu'est-ce de l'être de ses champs et de sa maison. Il est dur d'être chassé de son toit mais qu'est-ce que de l'être de sa patrie toute entière ? De ses autels et de ses temples ? Voilà qu'on divisait quelques milliers d'hommes, les enfants séparés de leurs parents, les maîtres de leurs domestiques, les épouses de leurs maris et ils étaient dispersés en diverses terres comme le sort de chacun en décidait : *les uns dans la*

255 Appien, *Guerre civile*, V, 5.

256 Dion Cassius, *Histoire romaine*, 46, 31 « Comme on avait besoin de fortes sommes pour la guerre, tout le monde contribua de la vingt-cinquième partie de ses biens, les sénateurs contribuèrent en outre pour quatre oboles par chaque tuile de leurs maisons de Rome, qu'ils en fussent propriétaires ou simples locataires ».

257 Octavius = un huitième. Il s'agit de l'empereur Auguste, petit neveu de César.

258 Cet impôt, créé sous le triumvirat fut surnommé *octava* (*cf.* Voltaire, *le Triumvirat*). Dion Cassius, *Histoire romaine*, 47, § 16.

259 Octave, Marc Antoine et Lépide qui luttèrent contre les assassins de César, Brutus et Cassius.

brûlante Afrique comme dit le poète à ce propos[260], *les autres en Scythie ou chez les Bretons séparés du reste du monde.* César Octave, à lui seul, établit vingt huit colonies dans la seule Italie et dans les provinces, autant qu'il lui plut. Et, à ce que je sais, rien ne fut plus dommageable à nos Gaulois ou aux Espagnols.

CHAP. XXIV
Récits de cruautés et de massacres étonnants qui dépassent tous les crimes de notre temps[261].

Mais il y a pourtant aujourd'hui, dis-tu, de la cruauté et des massacres inouïs. Je sais à quoi tu fais allusion et qui s'est produit récemment[262]. Mais, sur ta foi, Lipse, n'y eut–t-il rien de tel chez les Anciens ? Quel ignorant tu fais si tu ne le sais pas et quel méchant homme, si tu prétends ne pas le savoir. Car les exemples en sont si visibles et nombreux que nous aurons du mal à choisir. Tu connais le nom de Sylla, de cet heureux homme ? Donc, tu connais aussi sa proscription monstrueuse et infâme lorsqu'il enleva *quatre mille sept cent citoyens* d'une seule ville[263]. Et ne va pas penser qu'il s'agissait de gens de peu ou de la plèbe, il y avait parmi eux *quatre cent* sénateurs. Je ne parle pas des meurtres innombrables, commis ordinairement sur son ordre ou avec sa permission, de sorte que Q. Catule a pu dire à juste titre *« avec qui devrons nous vivre si, en guerre, nous tuons des hommes armés et en paix des gens désarmés*[264] *?*

---

260 Virgile, *Bucoliques*, I, 64-66. Opposition entre les Africains brûlés par le soleil et les Scythes glacés, les Bretons d'Angleterre coupés de tous.

261 On comparera avec profit ce chapitre avec celui de Montaigne (*Essais*, II, 11) « De la cruauté ».

262 Allusion possible aux cruautés du duc d'Albe en Flandre ou aux atrocités des guerres de religion en France.

263 Valère Maxime, *Actions et paroles mémorables*, livre IX, Chap. 2 « De la cruauté », § 1. Il s'agit de la ville de Préneste. « Cinq mille Prénestins, attirés hors de leurs murailles par la promesse que P. Céthégus leur avait faite en son nom de leur laisser la vie sauve, vinrent déposer les armes et se prosterner à ses pieds ; ils n'en furent pas moins tués sur son ordre et leurs cadavres aussitôt dispersés dans la campagne. Il fit inscrire sur les registres publics les noms de quatre mille sept cents citoyens égorgés en vertu de son terrible édit de proscription ; il craignait sans doute que le souvenir d'un si glorieux exploit ne vînt à s'effacer. »

264 Orose, *Histoires contre les Païens*, V, 21.

Ce même Sylla fut immédiatement imité par trois disciples (je veux dire les Triumvirs) qui proscrivirent pareillement *trois cent* sénateurs et plus de *deux mille* chevaliers romains[265]. Oh crimes tels que le soleil n'a rien vu et ne verra jamais rien de plus cruel, de son lever à son coucher. Lis Appien, s'il te plait, et tu y verras la description diverse et honteuse, de gens qui se cachent, qui fuient, qui sont arrêtés, tirés de leur retraite, des enfants et des femmes qui pleurent tout autour. Que je meure si tu ne dis pas que l'humanité a péri en ce temps sauvage et brutal. Et ceci a été commis contre des sénateurs et des chevaliers, c'est-à-dire contre presque autant de rois et de princes.

Mais peut être n'a-t-on pas sévi contre la multitude ? Vois ce même Sylla ordonner de massacrer, en place publique, quatre légions du parti opposé qui lui avaient fait confiance et imploré miséricorde de sa droite mensongère. Les gémissements des mourants ayant atteint la Curie, devant le Sénat stupéfait et bouleversé, il dit : *Continuons, Pères conscrits ce sont quelques séditieux punis sur mes ordres*[266]. Je ne sais pas ce qui me stupéfait le plus : qu'un homme ait pu faire cela ou pu le dire.

Tu réclames d'autres exemples de cruauté ? Servius Galba, en Espagne, après avoir convoqué le peuple de trois cités, comme pour traiter de leurs affaires, en tua tout d'un coup *sept mille* parmi lesquels la fleur de leur jeunesse[267]. Dans le même pays le consul L. Lucinus Lucullus fit tuer *vingt mille* Caucéens par des soldats qu'il avait fait entrer dans la citadelle, à l'encontre de la promesse faite lors de la reddition[268]. Auguste Octavien ayant pris Pérouse, *immola en victimes sur l'autel du divin Jules <César> trois cent citoyens des deux ordres parmi ceux qui s'étaient rendus*[269]. Antonin Caracalla irrité par je ne sais quelles plaisanteries de gens d'Alexandrie, vient dans la ville avec un air pacifique, convoque toute la jeunesse au champ de Mars, la fait entourer de soldats et, au signal, les fait tuer tous jusqu'au dernier ; et, usant de la même cruauté pour le reste de la multitude, il rendit presque déserte une ville très peuplée[270]. Le roi Mithridate, par une

265 Appien, *Guerres civiles*, IV, 8, 31.

266 Valère Maxime, *Actions et paroles mémorables*, I, 2, 1.

267 Valère Maxime, *ibid.*, IX, 6, 2 « Ayant convoqué le peuple de trois cités de la Lusitanie, sous prétexte de s'occuper de leurs intérêts, il choisit huit mille hommes, qui étaient la fleur de la jeunesse, les désarma, égorgea les uns et vendit les autres ».

268 Appien, *Guerres civiles* VI, 5, 2.

269 Suétone, *Vies des douze Césars*, Auguste, II, 15.

270 Dion Cassius, *Histoire romaine*, 78, 22.

seule lettre, fit assassiner *quatre vingt mille* citoyens romains dispersés dans toute l'Asie pour leur commerce[271]. Volesus Messala, proconsul d'Asie, en frappa *trois cent* d'un coup de hache, en un seul jour et, se promenant fièrement au milieu des cadavres, les mains derrière le dos, s'écria, comme s'il avait fait quelque chose de magnifique : oh quelle œuvre royale[272] !

Et je n'ai parlé que de païens et d'impies mais voici, parmi les dévots du vrai Dieu, l'empereur Théodose qui, à Thessalonique, par crime et fraude extrême, fit égorger par des soldats qu'il avait fait entrer, *sept mille* innocents convoqués au théâtre pour voir des jeux[273]. Toute l'impiété antique n'a jamais rien connu de plus impie que cet acte. Après cela, Flamands mes amis, allez accuser la cruauté ou la perfidie des princes de ce temps.

CHAP. XXV
Notre tyrannie est plus légère ; on montre qu'elle provient de la nature ou de la méchanceté humaine et qu'il y eut jadis des oppressions externes et internes.

Enfin tu inculpes aujourd'hui la tyrannie et les oppressions des corps et des esprits. Je n'ai pas pris la décision complaisante de valoriser ou de déprécier notre époque. À quoi bon ? Je parlerai de ce qui concerne notre comparaison. Quand et où ces maux n'ont-ils pas existé ? Cite-moi un siècle ou un peuple sans tyrannie insigne. Si tu le peux, (car je me soumettrai au hasard de ce jeu) j'avouerai moi aussi que nous sommes les plus malheureux des malheureux. Pourquoi te tais-tu ? Il est vrai, je le vois, ce vieux trait satirique *Tous les bons Princes peuvent être peints sur un seul anneau*[274]. Car c'est inscrit dans les esprits des hommes, d'user avec excès du pouvoir et il n'est pas facile de garder la mesure dans une chose au delà de la mesure.

---

271 Valère Maxime, *Actions et paroles mémorables*, IX, 2 ; Appien, *Guerres de Mithridate*, IV, 22.

272 Sénèque, *de la colère*, II, 5, 5.

273 Augustin, *Cité de Dieu*, V, 26.

274 Aurélien, *Écrivains de l'Histoire auguste*, 42 ; mot attribué à un bouffon de l'empereur Claude.

Nous-mêmes qui nous plaignons de la tyrannie, nous portons, insérées dans notre cœur, les semences de la tyrannie[275] et, pour la plupart, ce n'est pas la volonté de l'exercer qui fait défaut mais la capacité. Lorsque le serpent est engourdi par le froid, il n'en a pas moins son venin, mais sans le montrer ; il en va de même pour nous, en qui seules la faiblesse et une certaine froideur de la fortune retiennent de nuire. Donne des forces, donne des instruments : je crains fort que la plupart de ceux qui maintenant sont si opposés aux puissants ne soient complètement incontrôlables. On en trouve un exemple dans la vie courante. Vois ce père sévir contre ses fils, ce maitre sur ses domestiques, ce professeur sur ses élèves. Tous sont en leur genre des Phalaris[276] : ils soulèvent dans leur ruisseau les mêmes flots que les rois dans la grande mer. Les autres animaux ont même nature et la plupart sévissent contre leurs congénères dans l'air, la terre, l'eau :

Ainsi le grand poisson mange souvent les petits et l'épervier tue des oiseaux[277]
dit fort bien Varron.

Mais ce sont là des oppressions corporelles, dis tu ; aujourd'hui on fait plus fort : on opprime aussi les esprits. Les esprits aussi ? Prends garde à ne pas dire cela par jalousie plutôt qu'en vérité. C'est s'ignorer, ce me semble, soi-même et sa nature céleste que de penser qu'on puisse opprimer ou contraindre l'esprit. Aucune force externe ne peut jamais faire que tu veuilles ce que tu ne veux pas, ou que tu penses ce que tu ne penses pas[278]. Quelqu'un a un droit sur ce lien ou ce nœud de l'esprit[279] mais personne sur l'esprit même. Le tyran peut le séparer du corps mais pas dissoudre sa nature qui est pure, éternelle, ignée[280], et qui repousse tout contact externe et violent. Mais cependant il ne m'est pas permis d'exprimer ma pensée ? Soit. On pose donc un frein à ta langue, pas à ton esprit, pas à

---

275 Voir Étienne de la Boétie, le *Contr'un*, ou *Discours de la servitude volontaire*, 1548.

276 Phalaris, tyran d'Agrigente au VIe siècle av. J.-C. faisait selon la légende, rôtir ses victimes dans un taureau de bronze. Il est le symbole par excellence de la tyrannie. Sénèque *de la colère* II, 5.

277 Varron *Satyres ménippées*, 289. La formule a été reprise par Spinoza dans le *Traité théologico-politique* chap. XVI § 2.

278 *Cf.* Grotius *De Imperio Summarum potestatum supra sacra*, III 9 et Lactance *Institutions divines* V 13 « Qui m'obligera à croire ce que je ne veux pas croire ou à ne pas croire ce que je veux croire ? »

279 C'est-à-dire le corps.

280 Thèse stoïcienne : l'âme est un souffle chaud.

tes jugements, mais à tes actes. Cela est nouveau et inouï ! Mon bon ami, que tu te trompes ! Combien pourrais-je te donner d'exemple de gens qui, sous les tyrans, ont été punis pour l'imprudence de leur langue. Combien de tyrans ont essayé de contraindre les jugements et même en matière de religion[281]. C'était une tradition d'adorer les rois de Perse et d'Orient. Nous savons qu'Alexandre s'attribua un culte dû à la divinité, contre l'avis de son peuple rustique de Macédoine[282]. Chez les Romains, Auguste, ce prince bon et modéré, eut des flamines[283] et des prêtres, dans les provinces et même dans chaque maison, comme un dieu. Caligula fit couper la tête des statues des dieux, pour ordonner d'y mettre la sienne, par une impiété ridicule ; il consacra à sa divinité un temple, des prêtres et des victimes tout à fait rares[284]. Néron voulut être tenu pour Apollon et de très illustres citoyens furent tués sous prétexte *qu'ils n'avaient jamais immolé de victime en l'honneur de sa voix céleste*[285]. Domitien encore se faisait appeler publiquement *notre seigneur et notre dieu.* Que dirais-tu Lipse, si l'on voyait cette vanité et cette impiété chez un roi ? Et je ne veux pas naviguer plus près de cette Scylla[286] où ne m'entrainent ni ne me poussent les vents des ambitions. *Car la récompense du silence est de ne pas courir de danger*[287].

J'apporterai cependant sur ce sujet un seul témoignage de servitude antique, prise d'un écrivain qui t'est familier[288] et je veux que tu y prêtes attention. Tacite dit de l'époque de Domitien :

> « Nous avons lu que Arulenus Rusticus fut condamné à mort pour avoir fait l'éloge de Poetus Trasea[289] et Herennius Sénécion[290] pour l'éloge de Priscus Helvidius. On ne punit pas seulement les auteurs, mais aussi leurs livres : les triumvirs[291] reçurent l'ordre de brûler en plein forum les témoignages de ces esprits très remarquables. On pensait ainsi étouffer dans les flammes la voix du peuple romain, la liberté du Sénat et la conscience du genre humain. Mieux encore, on chassa

281 Lipse cite ici des évènements antiques mais il pense aussi aux conflits religieux récents.

282 Plutarque, *Vies*, Alexandre.

283 Prêtre sacrificateur.

284 Suétone, *Vie des douze Césars*, Caligula, Chap. XXII.

285 *Ibid.* Néron, Chap. XXV.

286 Gouffre de Sicile *cf.* I, 21, note 194.

287 Propos attribué à Simonide.

288 Tacite que Lipse a édité.

289 Tribun du peuple en 66 qui fit tout pour empêcher la condamnation à mort du stoïcien Paetus Traséa comme l'exigeait Néron. Il fut lui même condamné à mort sous Domitien.

290 Questeur sous Domitien qui fut accusé de crime de lèse majesté.

291 Le terme désigne ici les magistrats chargés de la surveillance des prisons et de l'exécution des peines capitales.

de leurs écoles les maîtres de sagesse[292] et on exila tout ce qui tendait au bien, pour ne plus trouver rien d'honnête[293] nulle part. Nous avons montré un grand exemple d'endurance et comme l'ancien temps a connu le comble de la liberté, nous celui de l'asservissement, ayant perdu, nous sachant contrôlés, le commerce du langage et de la conversation. Nous aurions perdu la mémoire tout autant que la parole, si nous avions autant le pouvoir d'oublier que de nous taire[294] ! »

CHAP. XXVI

On enseigne enfin que ces maux ne sont ni extraordinaires ni nouveaux. Tous les hommes et tous les peuples les ont toujours connus ; quelle consolation on en tire.

Je n'ajoute plus rien sur la comparaison et j'en viens au second bataillon de ma légion qui combat la nouveauté, mais brièvement et par acquit. Car il recueille plutôt les dépouilles de l'ennemi vaincu qu'il n'en vient aux mains pour le combattre énergiquement. Mais, en vérité, que peut-il bien y avoir de nouveau ici pour un homme, à moins d'être tout à fait novice dans les affaires humaines. Crantor[295], avec une sagesse remarquable, avait toujours ce vers en bouche : *Pauvre de moi, pourquoi pauvre de moi, nous souffrons des maux de mortels*[296]. Ces malheurs font la ronde tous les jours et tournent en cercle dans ce monde[297]. Pourquoi s'en étonner ? Pourquoi se lamenter de ces tristes événements ?

> *Car ce n'est pas pour que tout te réussisse / Agamemnon, qu'Atrée t'a engendré. / Tu te dois réjouir ainsi que te plaindre / car tu es né mortel ; en vain résistes-tu / cela sera comme les dieux le veulent*[298].

Il serait plutôt surprenant que quelqu'un soit exempt de cette loi commune et ne porte point le fardeau que portent tous les autres. Solon,

292 Domitien expulsa d'Italie en 94 les maîtres stoïciens dont Épictète et les Cyniques pour opposition au régime.
293 L'*honestum*, dans la philosophie stoïcienne désigne le bien moral pur.
294 Tacite, *Agricola*, Chap. 2, § 1-3.
295 Philosophe platonicien du IVe siècle av. J.-C., disciple de Xénocrate.
296 Diogène Laërce, *Vies*, IV, 5, § 26 ; il s'agit d'un vers du *Bellérophon* d'Euripide.
297 *orbe quodam eunt per hunc Orbem. Orbs* désigne à la fois le cercle et le monde.
298 Euripide, *Iphigénie à Aulis*, 29-33.

rencontrant à Athènes un ami qui se lamentait fort, le conduisit sur l'Acropole et lui montra toutes les maisons situées plus bas, dans cette grande ville, et lui dit : « Pense à tous ces pleurs versés jadis sous ces toits, versés aujourd'hui et qui le seront demain, et cesse de pleurer les maux des mortels comme si c'étaient les tiens[299] ».

Je voudrais qu'il en puisse aller de même pour toi, Lipse, dans ce vaste monde. Mais puisque cela ne se peut, allons, faisons le un peu mentalement. Je te place, si tu le veux bien, sur cet Olympe élevé ; regarde moi toutes les villes, provinces, royaumes ; et considère que ce sont tout autant d'enceintes des malheurs humains que tu vois[300]. Ce sont comme les arènes et les amphithéâtres où se passent les jeux sanglants de la fortune. Et tu n'as pas à regarder bien loin : tu vois l'Italie ? Il n'y a pas encore trente ans qu'elle s'est reposée des guerres cruelles et âpres de chaque côté. Tu vois cette grande Allemagne ? On y voyait il y a peu, les violentes étincelles des guerres civiles. Si je ne me trompe, elles vont de nouveau s'enflammer en une flamme plus funeste. La <Grande> Bretagne ? Les guerres et les meurtres y sont perpétuels et si à ce jour, elle est un petit peu en paix, elle le doit au pouvoir du sexe pacifique[301]. La France ? Regarde et prends pitié : dans tous ses membres rampe la gangrène d'une guerre sanglante[302]. Il n'en va pas autrement dans l'ensemble du monde.

Pense à cela Lipse, et que cette communion de misères allège les tiennes. Comme les triomphateurs étaient habituellement suivis d'un esclave qui, au milieu de la joie du triomphe, criait de temps en temps : « tu es un homme[303] », garde ce conseil présent à l'esprit : ce sont là

---

299 Valère Maxime, *Faits et dits remarquables*, VII, 2 : De la sagesse dans les paroles et les actions, Exemples étrangers, § 2 : « Le même Solon, voyant un de ses amis s'abandonner à la tristesse, le mena sur l'Acropole et l'invita à promener ses regards sur les habitations de tous les quartiers situés au-dessous. Dès qu'il vit que c'était chose faite : "Maintenant ajouta-t-il, considère en toi-même combien de douleurs ont habité dans le passé, habitent encore aujourd'hui et habiteront dans les siècles suivants sous ces toits que nous voyons ; et cesse de gémir sur les maux des mortels, comme si tu les endurais tous à toi seul" ».

300 Valère Maxime, *ibid.* : « C'est ainsi qu'en le consolant il lui fit comprendre que les villes ne sont que d'affligeants réceptacles des misères humaines ». Lipse déplace la formule de Solon pour l'attribuer à Langhe.

301 La reine Elisabeth I.

302 Entre 1584 (première édition de la *Constance* et 1605, dernière édition) il y eut en France la huitième guerre de religion (1584-1598).

303 Tertullien, *Apologétique*, XXXIII, 4. Tertullien nie que l'empereur puisse être appelé dieu « Lors même qu'il est porté sur ce pompeux char de triomphe, on a soin de l'avertir

choses humaines. Car la douleur, comme le travail, est plus légère quand on la partage à plusieurs.

CHAP. XXVII
Conclusion de tout le discours et bref avertissement d'avoir à y revenir et à le méditer[304].

J'ai déployé toute mes troupes et achevé mon discours, Lipse, et tu disposes de tout ce que j'ai pensé devoir dire sur la constance face à la douleur. Que cela ne te soit pas seulement précieux mais aussi salutaire, que cela te plaise et plus encore te profite. Cela te profitera si tu ne le gardes pas seulement dans l'oreille mais dans l'esprit ; ne souffre pas que ce que tu as entendu reste étendu au sol et se dessèche comme des semences épandues sur la surface du sol[305]. Si tu y reviens sérieusement et les médites, tout comme le feu ne surgit pas du silex au premier frottement, de même, dans ce cœur froid, ce n'est pas au premier choc des avertissements que s'élève, cachée et languissante en nous, la force de l'honnête. Qu'elle brûle un jour en toi, véritablement, et pas en apparence et en mots, mais en réalité et dans les faits, c'est ce que je demande en suppliant et je prie ce feu divin éternel[306].

Après cela il se leva promptement : j'y vais Lipse ; le soleil de midi annonce le déjeuner ; suis moi. Et moi, tout dispos et de bon cœur : comme il est d'usage dans les Mystères, je m'écrierai maintenant à juste titre :

J'ai fui le mal et j'ai trouvé le bien[307].

FIN

---

qu'il est homme ; quelqu'un est placé derrière lui pour lui dire : "Regarde derrière toi et souviens toi que tu es un homme" ».

304 Lipse emploie le verbe *ruminare* qui signifie d'abord ruminer, reprendre souvent, remâcher.

305 On doit penser ici à une allusion à la parabole de la semence en Mt 13, Marc 4 ou Luc 8.

306 Lipse joue ici sur la détermination stoïcienne de la divinité comme feu éternel pour filer la métaphore.

307 Démosthène, *Sur la couronne*, 259.

BIBLIOGRAPHIE

SOURCES PRIMAIRES

CHARRON, Pierre, *De la sagesse*, 1601.

DU VAIR, Guillaume, *Philosophie morale des Stoïques*, 1585 ; trad. anglaise *The moral philosophy of the Stoicks*, par Thomas James, 1598.

DU VAIR, Guillaume, *De la sainte philosophie* 1587 republiées ensemble par G. Michaut, Paris Vrin, 1946.

DU VAIR, Guillaume, *Traité de la Constance et de la consolation es calamités publiques*, 1594, réed. Nef, Paris, 1941 ; trad. anglaise par Andrew Court, 1622.

Epistolarum selectarum Centuria prima miscellanea, 1586, cité I *Cent.*

JUSTI LIPSII, *de Constantia libri duo qui alloquium praecipue continent in publicis malis*, Anvers, 1584. Trad. fr. par Clovis Hesteau, sieur de Nuysement, Leyde 1584 & 1587. Trad. fr. par Mr de L. (de la Grange), Paris, 1741. Avec notice introductive de Lucien Du Bois, Ed. Merzbach, Bruxelles-Leipzig, 1873.

JUSTUS LIPSIUS, *Von der Standhatigkeit*, Übersetzt, komentiert und mit einem Nachwort von Florian NEUMANN, Mainz, Dieterich'sche Verlagbuchhandlung, 1998.

JUSTUS LIPSIUS, *Concerning Constancy*, edited and translated by R. V. YOUNG, Arizona Center for Medieval and Renaissance Studies, Tempe, Arizona, 2011.

MONTAIGNE, Michel de, *Essais*, édition Villey PUF Paris, 1965.

PLUTARQUE, *Œuvres morales*, Paris, Didier, 1844 ; *Vies des hommes illustres*, NRF Pléiade, Paris, 1951.

SÉNÈQUE, *Entretiens*, Bouquins Laffond, Paris, 1993.

SOURCES SECONDAIRES

HADOT, Pierre, *La citadelle intérieure*, Paris, Fayard, 1992.

HOVEN, René, « Les réactions de Juste Lipse aux critiques suscitées par la publication du De constantia » *Juste Lipse en son temps*, Champion, 1996, p. 413-422.

JEHASSE, Jean, *La renaissance de la critique*, St Étienne, 1976.

LAGRÉE, Jacqueline, *Juste Lipse et la restauration du stoïcisme*, avec texte latin et traduction française de chapitres de *la Constance*, du *Manuel de philosophie stoïcienne et de la Physique des stoïciens* ; Vrin, Collection Philologie et Mercure, sept. 1994.

LAGRÉE, Jacqueline, « La vertu stoïcienne de constance » in *Le stoïcisme au* XVI*e et au* XVII*e siècle*, sous la direction de P.-F. Moreau, A. Michel 1999, p. 94-116.

LAGRÉE, Jacqueline, « Constancy and coherence » in Steven Strange and Jack Zupko *Stoicism Traditions and Transformations*, Cambridge UP, 2004, p. 148-176.

LAGRÉE, Jacqueline, *Le néostoïcisme*, Paris, Vrin, 2010.

MAGNIEN, Michel, et MOUCHEL, Christian, *Lipse Juste Centuriae Latinae*, Genève, Droz, 1997.

PAPY, Jan, « La correspondance de Juste Lipse. Genèse et fortune des *Epistolarum selectarum centuriae* », *Les cahiers de l'humanisme*, II, 2001, 223-235 ; « Lipsius'(Neo) stoicism Constancy between Christian Faith and stoic Virtue » *Grotiana* 22-23, 2001-2002, p. 47-71.

PAPY, Jan, « Le sénéquisme dans la correspondance de Juste Lipse. Du *de constantia* à la *Epistolarum selectarum Centuria prima miscellanea* (1586) » *Journal de la Renaissance*, 2008/6 Brepols p. 49-62.

PAPY, Jan, « Neostoic anger. Lipsius's Reading and use of Seneca's tragédies and *de ira* » in *Discourses of Anger in the early modern period* ed. by Karl A. E. Enenkel and Anita Traninger, Brill, Leiden, 2015, Chap. 5.

SPANNEUT, Michel, *Permanence du stoïcisme de Zénon à Malraux*, Duculot, 1973.

INDEX NOMINUM

ABBADIE, J. : 33
ACHILLE : 21, 77, 98, 129
ADAM : 138
ADONIS : 100-101
AETIUS (pseudo PLUTARQUE) : 87
AETIUS (général romain) : 151
AJAX : 140
ALBE, d' (duc) : 116, 155
ALCESTE : 65
ALCINOOS : 100, 101
ALEXANDRE D'APHRODISE : 85, 149
ALEXANDRE LE GRAND : 74, 81, 98, 159
ANACHARSIS : 108
ANAXAGORE : 70
ANAXARQUE : 81
ANTONIN LE PIEUX : 67
APOLLODORE : 98, 129
APPIEN : 17, 18, 154, 156, 157
ARCHIMÈDE : 95
ARGOS : 100
ARISTOPHANE : 45, 48, 145
ARISTOTE : 45, 48, 145
ARULENUS RUSTICUS : 159
ATHÉNAEUS : 108
ATILIUS REGULUS (consul) : 118
ATRÉE : 129, 130, 160
ATTILA : 80, 115, 151
AUGUSTE : 134-135, 154-156, 159
AUGUSTIN : 16, 31, 40, 43, 58, 74, 87-89, 92, 94, 107, 114, 122, 141, 150, 157
AULU GELLE : 62, 86, 112, 114

BACCHUS : 108
BERGMANS, P. : 11
BIAS : 94, 118
BOÈCE : 18, 32, 39, 115, 121
BOÉTIE, É. de la : 158
BONA, C. (cardinal) : 33
BOSCH, J. : 85
BRANT, S. : 85
BRUTUS : 134, 150, 154

CAENIS : 109
CALIGULA : 129, 132, 159
CARACALLA : 118, 156
CASSIUS (sénateur romain) : 150
CATON D'UTIQUE : 133, 134
CATON LE CENSEUR : 53, 102, 105, 151
CATULLE : 100
CATULUS, Q. : 149, 155
CÉSAR, Jules : 17, 90, 99, 115, 134, 139, 150, 154
CÉSAR, Octavien : voir *Auguste*
CHARLES QUINT : 14
CHARRON, P. : 13, 163
CHEVREAU, U. : 33
CHRIST : voir *Jésus*
CHRYSIPPE : 86, 87, 96
CHURCHILL J., duc de Malborough : 58
CICÉRON : 16, 22, 25, 44, 47-48, 58, 61, 64, 83, 90-91, 94-96, 105, 118, 123, 132-133, 139, 146
CLÉANTHE : 76
CLÉOPÂTRE : 134
CONSIDIA : 143
CONSTANTIN : 80, 115
COORNHERT : 22
COPERNIC : 11
CORNELIUS VALERIUS : 18
CRANTOR : 160
CRATES : 98
CRÉON : 98

CURION CAELIUS : 93, 141
CYRUS : 101

DAMOCLÈS : 132
DANEAU, L. : 15
DAUVOIS LAVIALLE, N. : 99
DAVID (roi d'Israël) : 140, 152
DÉMÉTRIUS LE CYNIQUE : 118
DÉMOCHARÈS : 143
DÉMOSTHÈNE : 162
DENYS DE SICILE : 132-133
DESCARTES, R. : 13, 30
DIOCLÉTIEN : 102
DIODORE SICULUS : 101
DIOGÈNE LAËRCE : 30, 49, 59, 70, 77, 81, 86, 94, 97-98, 137, 160
DIOGÈNE LE CYNIQUE : 49
DION CASSIUS : 18, 154, 156
DOMITIEN : 45, 90, 159, 160
DU BOIS, L. : 33, 163
DUCAS, M. : 153
DU MOULIN, P. : 33
DU VAIR, G. : 14, 17, 25, 32-33, 163

ÉLECTRE : 62
ELISABETH I : 161
ÉNÉE : 77
ENNIUS : 61, 99
ÉPICTÈTE : 11, 18-19, 22, 40, 65, 76, 95, 160
ÉRASME : 15, 17-18, 22, 88-89, 95, 107, 110, 124-125, 129
EUCLIDE : 94
EUCLION : 71
EURIPIDE : 22, 65-66, 75, 84, 96-97, 130, 134, 146, 160

FABIUS MAXIMUS ALLOBROGICUS : 151
FLORUS (gouverneur de Judée) : 148

GALBA : 156
GALLIEN : 152
GETA : 118
GOULART S. : 33
GRACCHUS SEMPRONIUS : 151
GRANVELLE, (cardinal de) : 12
GRATIEN : 138
GRÉGOIRE DE TOURS : 115, 151
GROTIUS, H. : 89, 158
GUILLAUME D'ORANGE : 15

HADOT, P. : 26, 30, 164
HALL, J. : 33
HAMILCAR : 118
HANNIBAL : 91, 97, 114, 118
HEINSIUS, D. : 33
HÉLÈNE : 57
HERCULE : 53, 101
HERMÈS TRISMÉGISTE : 84, 145
HÉRODE : 148, 149
HÉSIODE : 22, 53, 76, 101, 131, 140
HOMÈRE : 22, 29, 49, 57, 61, 64, 75, 79, 83, 91, 94, 98, 100-101, 104, 108, 112, 116, 129
HONORIUS (empereur romain) : 153
HORACE : 22, 51-52, 64, 106, 132, 135, 139
HORTENSIUS : 104-105
HOVEN R. : 164

ISIDORE DE SÉVILLE : 89, 115

JACOPIN P. : 34
JEAN DAMASCÈNE : 18, 93, 94
JEHASSE J. : 12, 164
JÉSUS CHRIST : 46, 82, 116, 129, 131
JOSÈPHE FLAVIUS : 18, 20, 115, 148
JULIE (fille d'Auguste) : 134
JULIE (petite fille d'Auguste) : 134
JUPITER : 48, 74, 87, 91, 112, 140
JUSTINIEN (juriste) : 138
JUSTINIEN (empereur) : 153
JUVÉNAL : 22, 125, 136

LACTANCE : 46, 158
LANGHE, Charles de : 16, 21, 25, 47 et *passim*
LAURENT DE MÉDICIS : 14
LE GRAND, A. : 33
LEIBNIZ, G. W. : 32, 84, 91, 130-131

Le Maistre de Sacy : 148
Le Mire : 11
Lipse, J. : *passim*
Livia (femme d'Auguste) : 134-135
Lucrèce : 18, 27, 47, 80, 89, 121, 126
Lucullus : 102, 156
Luther : 95

Machiavel : 27
Mackensie, G. : 33
Macrobe : 129
Marc Antoine : 134, 154
Marc Aurèle : 23, 30, 67, 77, 130
Marcellus : 104
Marius G. : 102, 151
Massinissa : 101
Ménandre : 108, 121
Messala Volesus : 157
Minerve : 110, 151
Minutius, Félix : 89
Mithridate : 102, 156, 157
Moïse : 141
Monford, M. : 99
Montaigne, M. de : 11, 14, 62, 81, 106, 155, 163
Montfaucon B. de : 129
More, T. : 17
Moreau, P.-F. : 34, 164
Musonius : 65

Nabuchodonosor : 101
Nassau, G. de : 58
Nausicaa : 100
Némésis : 77, 130
Néron : 129, 133, 159

Oreste : 62
Origène : 89
Orose : 17, 150, 153, 155
Ovide : 22, 56, 79, 109

Panétius : 87
Papinien : 118
Papy, Jan : 16, 20, 34, 164
Paquot, J. N. : 47
Pascal, B. : 13
Patrocle : 61, 91
Paul de Tarse : 117, 138, 141
Paul Émile : 97
Pélops : 48, 130
Pénélope : 108
Pétrarque : 153
Pétrone : 62
Phaéton : 126
Phalaris : 158
Philippe II d'Espagne : 57
Pic de la Mirandole : 88
Pindare : 64, 75, 82, 84
Pisistrate : 97
Plantin C. : 13
Platon : 18, 77-78, 80, 88, 93, 105, 112, 131, 144, 145
Plaute : 18, 20, 22, 47, 71, 79, 83, 109, 140, 152
Pline l'Ancien : 17, 80, 104, 106, 135, 143, 148, 150-151
Plutarque : 17-18, 29, 32, 90, 97, 102, 104, 115, 125, 129, 130, 133-134, 150-151, 159, 163
Polus : 24, 62
Polybe : 101, 151
Pompée : 90, 115, 133, 134, 142, 151
Priscien : 88
Procope de Césarée : 17, 153
Prométhée : 53
Pyrrhon : 81

Quintus Fabius : 151

Rabelais : 108
Regulus Atilius : 118
Remus : 140
Romulus : 140
Rubens : 104

Salisbery, J. de : 62
Salvien : 126
Sanchez : 127
Sarasa, A. A. de : 33
Sarpedon : 91

Saturne : 123
Scipion : 139
Semiramis : 101
Sempronius : voir *Gracchus*
Sénèque : 11-12, 14-16, 18-20, 23, 26, 30, 33-34, 40-41, 49, 51, 53, 55-56, 76-77, 80, 85-86, 105, 112, 118, 125, 130, 144, 157-158, 163
Sextus Pompée : 150
Simonide : 77, 159
Socrate : 45, 51, 63, 144
Solon : 17, 97, 160-161
Sophocle : 62, 78, 84, 127, 146
Spanneut, M. : 13, 164
Spinoza : 32
Stilpon : 118
Stobée, J. : 74, 85, 87
Strabon : 80, 101
Suétone : 17, 45, 80, 90, 109, 115, 129, 132-135, 156, 159
Sylla : 102, 104, 155, 156
Synésius : 129

Tacite : 12, 17-18, 20, 62, 80, 109, 127, 132, 135, 159, 160
Tantale : 48, 101
Tarquin : 90, 102
Tarrette, A. : 32
Tertullien : 46, 123, 161
Thalès : 77, 137, 145
Théodose : 157
Théophraste : 85
Thésée : 56
Thomas d'Aquin : 89
Thyeste : 129-130
Tibère : 80, 123, 129, 132, 148
Tite Live : 17, 90, 97, 102, 140, 151
Titus : 115
Torrentius : 19, 31, 43, 98

Ulysse : 100

Valère Maxime : 155, 156, 157, 161
Varron : 79, 88, 97, 158
Velléius Paterculus : 97
Vespasien : 115, 148
Virgile : 22, 37, 49, 52, 75, 77, 84, 85, 95, 121, 140, 155
Volusien : 152
Vulcain : 77

Wover : 52

Xénocrate : 160
Xénophon : 101

Young, R. V. : 34, 93, 145, 163

Zénon : 87
Zonare : 17, 152, 153
Zosime : 17, 153

TABLE DES MATIÈRES

ABRÉVIATIONS 9

INTRODUCTION 11

LA CONSTANCE

DÉDICACE 37

PRÉFACE DE LA PREMIÈRE ÉDITION 39

SECONDE PRÉFACE 43

LIVRE I 47

Chap. I
Préface et introduction. Plainte sur les troubles des Flandres. 47

Chap. II
Le voyage ne guérit pas les maladies intérieures ; c'est un symptôme, non un remède, sauf peut-être dans le cas d'une première et légère émotion. 49

Chap. III
Voyager ne supprime ni ne diminue les vraies maladies de l'âme mais les ravive. Quand c'est l'esprit en nous qui est malade, il en faut chercher le remède dans la Sagesse et la Constance. 51

Chap. IV
Définition de la constance, de la patience, de la raison droite, de l'opinion. En quoi l'opiniâtreté diffère et s'écarte de la constance et le découragement de la patience. 53

Chap. V
Origine de la raison et de l'opinion, leur force et leurs effets. L'une conduit à la constance, l'autre à la légèreté. 54

Chap. VI
Éloge de la constance, sérieuse exhortation à l'acquérir. 57

Chap. VII
Ce qui trouble la constance et combien de sortes. Ce sont des biens et des maux externes. Deux sortes de maux : publics et privés. Les publics semblent plus graves et plus dangereux. 58

Chap. VIII
Il faut combattre les maux publics mais avant tout réprimer trois affects qui suscitent un faux semblant flatteur ; ce qui fait que les hommes pleurent leurs malheurs propres comme si c'étaient des malheurs publics. 61

Chap. IX
L'affectation se voit plus clairement sur des exemples. Un mot au passage sur la Patrie et sur la méchanceté des hommes qui se réjouissent des malheurs d'autrui quand eux-mêmes y échappent. 63

Chap. X
Plainte sur la libre réprimande de Langhe, mais c'est là, il faut le dire, la tâche des philosophes. Effort pour réfuter ce qui précède. Obligation et amour envers la patrie. 65

Chap. XI
Réfutation du second affect, un amour excessif pour la patrie, qu'on appelle à tort piété, comme on le montre. Origine de cet affect et ce qu'est proprement et véritablement la patrie. 67

Chap. XII
Troisième affect à tempérer : la pitié, qui est un défaut. On la distingue, pour plus de clarté, de la miséricorde. Comment et jusqu'à quel point en user. 70

Chap. XIII
Ces obstacles levés, on en vient sérieusement aux moyens de supprimer ou de soulager ces malheurs publics. Je dois les combattre et les vaincre par quatre arguments principaux. En premier lieu, je traite de la Providence : preuve qu'elle existe et préside aux affaires humaines. 72

Chap. XIV
Rien ne se passe ici sans la volonté de la Providence ; c'est elle qui envoie des malheurs sur les peuples et les cités ; aussi est-ce manquer de piété que de s'en plaindre ou de pleurer. Exhortation à obéir à Dieu contre qui il est téméraire et vain de lutter. 75

Chap. XV
Passage au second argument en faveur de la Constance, tiré de la Nécessité. Sa force et son impulsion. Double considération de la Nécessité d'abord dans les choses mêmes. 77

Chap. XVI
Exemples de changement ou de mort nécessaires dans le monde entier. Le ciel et les éléments se transforment et doivent mourir un jour ; on voit la même chose dans les cités, les provinces et les royaumes. Enfin, ici-bas, tout tourne et il n'est rien de stable ou de ferme. 78

Chap. XVII
On en vient à la Nécessité qui découle du destin. Il y a sur ce point un consentement universel de la foule et des sages mais un désaccord partiel. Diversité du destin pour les Anciens. . . . 82

Chap. XVIII
Courte explication des trois premiers genres de destin, définition et description. On excuse facilement et brièvement les stoïciens. 84

Chap. XIX
Explication du quatrième et véritable destin. Un mot sur son nom. Définition plus fine où l'on montre sa différence avec la Providence. 88

Chap. XX
Ce destin se distingue du destin stoïcien sur quatre points. On montre avec plus de soin comment il ne contraint pas la volonté et que Dieu ne coopère pas au mal ni n'en est l'auteur. 91

Chap. XXI
Conclusion du traité du destin. Avertissement : c'est un sujet plein d'incertitude et de danger qu'il ne faut pas scruter trop méticuleusement. Exhortation sérieuse à puiser dans la nécessité des forces pour l'âme. 94

Chap. XXII
On cherche ordinairement dans le destin quelque retraite à sa paresse. On dévoile ce prétexte. Le destin agit par les causes intermédiaires dont on doit se servir. Dans quelle mesure convient-il ou non de porter secours à sa patrie ? Fin de ce discours et du livre I. 96

LIVRE II 99

Chap. I
Une occasion pour reprendre la discussion. Visite et éloge de l'agréable jardin de Langhe. 99

Chap. II
Éloge des jardins : leur culture est ancienne et naturelle. Rois et Grands s'y sont employés. Leur vue charme nos yeux et convient à mon souhait. 101

Chap. III
Dispute contre les maniaques qui abusent des jardins par vanité et paresse. Leur véritable usage : ils conviennent aux sages et aux doctes ; la sagesse elle-même s'y forme et s'y élève. 103

Chap. IV
Exhortation à la sagesse : c'est par elle qu'on parvient à la constance. Sérieux avertissement à la jeunesse d'unir les études sérieuses de la philosophie avec des études plus libérales et plaisantes. 107

Chap. V
La sagesse s'acquiert par l'effort, non par des souhaits. Retour au discours sur la constance. Le désir d'apprendre est un bon signe chez les jeunes gens. 109

Chap. VI
Troisième argument en faveur de la constance, tiré de son utilité. Les malheurs sont bons, si on considère leur origine et leur fin. Ils tirent leur origine de Dieu qui est éternel et immuablement bon et ne peut donc être cause d'aucun mal. 111

Chap. VII
La finalité des malheurs est toujours dirigée vers le bien même si, souvent, ils sont l'œuvre d'hommes nuisibles et sont faits pour nuire. Mais Dieu tempère et brise leur force. Ils tournent tous à notre utilité ; pourquoi Dieu se sert en cela des œuvres des méchants. 113

Chap. VIII
Plus distinctement, ces fins sont triples. À qui s'adressent-elles et avec quoi ? Plus largement que l'exercice profite aux bons de plus d'une façon : il les renforce, les met à l'épreuve et les fait progresser. 116

Chap. IX
De la seconde fin, la correction ; on montre doublement qu'elle nous est utile. 119

Chap. X
Finalement la punition en elle-même est bonne et salutaire, eu égard à Dieu, aux hommes et à celui qui est puni. 120

Chap. XI
De la quatrième fin qui est ambiguë pour l'homme. Elle convient soit à la conservation et protection de l'univers soit à son embellissement. Explication plus détaillée. . . . 122

Chap. XII
Vieille et commune objection contre la justice divine : pourquoi les peines sont elles inégales ? Cette recherche n'appartient pas à l'homme et elle est impie. 125

Chap. XIII
Pour satisfaire les curieux, on répond à trois vieilles objections. La première porte sur l'absence de punition de méchants : nous enseignons qu'elle est différée et non supprimée et cela, soit en raison des hommes eux-mêmes, soit en raison de la nature de Dieu, lente à punir. 127

Chap. XIV
Il y a différentes sortes de punitions, certaines internes et cachées qui accompagnent le crime lui-même et auxquelles les méchants n'échappent jamais ; elles sont plus lourdes que les peines externes. 131

Chap. XV
Des châtiments posthumes attendent les méchants ainsi que, le plus souvent, des châtiments externes. On le confirme par quelques exemples célèbres. 133

Chap. XVI
Réponse à la seconde objection, qui concerne les innocents. On montre que tous ont mérité d'être punis parce que tous ont failli, plus ou moins, chose que l'homme ne peut discerner clairement. Il n'y a que Dieu qui voie clairement les fautes et qui punisse donc très justement. 135

Chap. XVII
Réponse à la troisième objection, de la transmission des peines. On montre par des exemples que cela arrive aussi chez les hommes. Ce qui, pour Dieu, est cause de ce transfert et plusieurs choses d'une assez curieuse subtilité. 138

Chap. XVIII
On passe au dernier point, sur les exemples. On y montre qu'il est parfois utile de mêler quelque chose d'agréable à un médicament amer. 142

Chap. XIX
Les maux publics ne sont pas aussi graves qu'ils le semblent. On le montre d'abord rapidement par la raison. On craint généralement ce qui les entoure plus que la chose même. 143

Chap. XX
On en vient à la comparaison. Et d'abord qu'on a exagéré les malheurs de ce siècle en Flandre. Cette opinion se réfute en général en montrant que l'esprit humain est prompt à augmenter ses chagrins. 145

Chap. XXI
Réfutation plus appropriée et précise par comparaison avec les maux anciens. D'abord des guerres et de l'extraordinaire malheur des Juifs. 147

Chap. XXII
Des malheurs de la guerre chez les Grecs et les Romains. Grand nombre de gens tués par quelques chefs. Dévastation du Nouveau Monde et misères de la servitude. 150

Chap. XXIII
Exemples très remarquables de peste et de famine chez les Anciens. Importance aussi des impôts et des pillages jadis. 152

Chap. XXIV
Récits de cruautés et de massacres étonnants qui dépassent tous les crimes de notre temps. 155

Chap. XXV
Notre tyrannie est plus légère ; on montre qu'elle provient de la nature ou de la méchanceté humaine et qu'il y eut jadis des oppressions externes et internes. 157

Chap. XXVI
On enseigne enfin que ces maux ne sont ni extraordinaires ni nouveaux. Tous les hommes et tous les peuples les ont toujours connus ; quelle consolation on en tire. 160

Chap. XXVII
Conclusion de tout le discours et bref avertissement d'avoir à y revenir et à le méditer. 162

BIBLIOGRAPHIE 163

INDEX NOMINUM 165

IMPRIM'VERT®

Achevé d'imprimer par Corlet Numérique,
à Condé-sur-Noireau (Calvados), en octobre 2016
N° d'impression : 132590 – Dépôt légal : octobre 2016
Imprimé en France